고전소설 속 여성의 고난 극복 이야기

이 저서는 2023년도 서울시립대학교
교내학술연구비에 의하여 지원되었음.

고전소설 속 여성의 고난 극복 이야기

서유경

고전소설 속 여성의 고난 극복 이야기

2025년 03 월 25일 초판 1쇄 발행

지은이 ‖ 서유경
펴낸곳 ‖ 도서출판 지성인
펴낸이 ‖ 엄승진
주 소 ‖ 서울 영등포구 여의도동 11-11 한서빌딩 1209호
메 일 ‖ Jsin0227@naver.com
전 화 ‖ T) 02-761-5915 F) 02-6747-1612
I S B N ‖ 979-11-89766-57-3 93810

정 가 ‖ 16,000 원

잘못 만들어진 책은 본사나 구입하신 곳에서 교환하여 드립니다.
이 책은 저작권법에 의해 보호를 받는 도서이오니 일부 또는 전부의 무단 복제를 금합니다.

머리말

 현대사회와는 사뭇 거리가 먼 고전소설 속 이야기들에서 지금 우리는 어떤 의미를 발견할 수 있을까? 이에 대한 답을 찾는 것이 고전소설을 연구하고 가르치는 학문의 과제라 할 수 있을 것이다. 이 연구는 이러한 과제의 일환으로 고전소설 속에 등장하는 여성 인물이 고난을 겪고 이겨내는 이야기에 주목하고자 하였다. 고전소설 속 여성 인물의 고난 양상과 극복 과정은 지금 이 시대의 독자에게도 희망과 깨달음을 줄 수 있을 것이라고 보았기 때문이다.
 고전소설에 등장하는 여성 주인공들은 서사 전개 과정에서 버려지고 죽음의 위기를 만나는 등 각양각색의 고난을 겪는 경우가 많다. 이는 고전소설이 갈등을 본질로 하는 서사 갈래라는 측면에서 본다면 당연하다고 할 수 있을지도 모르나 작품에 따라 그 고난의 성격과 지향이 다르다는 점에서 작품별로 검토해 볼 필요가 있다고 보았다.
 특히, 있을 수 있는 많은 고난의 요인들 중에서도 왜 그러한 고난이 다루어졌는가는 매우 흥미로운 문제이다. 그리고 여성 인물의 고난과 극복 양상은 당대 독자에게 뿐만 아니라 현대의 독자에게도 읽는 즐거움과 의미를 줄 수 있을 것이다.

고전소설 속 여성 인물의 고난은 당시의 사회문화적 현실을 바탕으로 한다는 점에서 향유층의 삶과 긴밀한 관련성이 있다. 그리고 그 현실은 현대에서도 볼 수 있는 것일 수 있다. 그래서 이러한 이야기를 읽는 것은 당대의 향유층이든지, 현대의 독자이든지, 고전소설 속 여성 인물의 삶과 고난에 공감하고 그러한 고난을 극복하는 과정에 참여하는 것일 수 있다.

이 책에서 다룬 고전소설 속 여성들은 지독하게 힘겨운 인생의 어려움, 고난을 겪는다. 그러한 어려움은 그 여성 인물이 선택한 것이라기보다는 다른 누구에 의해서 혹은 어떤 상황 때문에 주어진 것이다. 그렇지만 그 여성 인물들은 서사 전개 과정에서 고난에 대응하면서 과감하게 극복해 낸다.

여기에서는 이러한 문제를 〈심청전〉, 〈매화전〉, 〈정수정전〉을 중심으로 하여 다루어 보았다. 이 연구 주제로 접근할 수 있는 고전소설 작품은 훨씬 더 많고 다양하지만, 우선적으로 이들 작품으로 선정하였다. 이 작품들은 여성 인물을 주인공으로 삼고 있고, 그 주인공이 고난 당하는 이야기를 포함하고 있으며, 작품별로 여성 인물이 당하는 고난의 원인과 해결 양상이 특징적으로 형상화되고 있기 때문이다. 이러한 여성 인물이 겪는 고난의 양상에서 그 고난의 성격이 어떠한지, 그리고 고난은 어디에서 비롯되었는지, 또한 그 인물은 어떻게 고난에 대응하고 겪어내는지를 분석해 보고 그 의미를 고찰해 보고자 하였다.

앞으로 기회가 있다면, 더욱 다양한 여성의 이야기를 대상으로 살펴볼 수 있기를 기대한다. 그래서 이 책에서 본격적으로 다루지 못한 아쉬운 부분들을 보완할 수 있기를 바란다.

이 책이 나오기까지 지원해 주시고 도와주신 분들께 진심으로 감사의 말씀을 전하고 싶다. 우선 연구를 허락해 주신 서울시립대학교에 감사드린다. 아울러 이 책을 함께 읽어준 사랑하는 동생 유현에게 고마움을 표한다.

그리고 이 책의 출판을 흔쾌히 맡아 주시고 도와주신 지성인 출판사 엄승진 사장님과 편집진 여러분들께 감사의 말씀을 드린다.

2025년 2월
서 유 경

차례....

머리말 / 5

1. 고전소설에서 여성의 고난과 극복 방식 읽기 ·········· 11
고전소설 속 여성의 고난 극복 이야기의 의의 ············· 12
고난이라는 용어에 대하여 ································ 14
고전소설 속 고난 이야기에 대하여 ······················· 17
여성의 고난을 다룬 선행 연구 ···························· 20

2. 자신을 아낌없이 내어주다, 심청 : <심청전> ·········· 28
<심청전>의 심청 이야기 ································· 29
심청은 어떤 고난을 겪었을까? ···························· 36
심청은 어떻게 고난을 극복했을까? ······················· 56

3. 아닌 건 아닌 것이다, 매화 : <매화전> ··············· 80
<매화전>의 매화 이야기 ································· 81
매화는 어떤 고난을 겪었을까? ···························· 89
매화는 어떻게 고난을 극복했을까? ······················· 105

4. 누구보다 잘할 수 있다, 정수정 : <정수정전> ·················· 122
   <정수정전>의 정수정 이야기 ·· 123
   정수정은 어떤 고난을 겪었을까? ·· 135
   정수정은 어떻게 고난을 극복했을까? ·································· 150

5. 여성의 고난 극복 이야기가 주는 즐거움 ···························· 173

◁ 참고문헌 / 188

1.
고전소설에서 여성의 고난과 극복 방식 읽기

고전소설 속 여성의 고난 극복 이야기의 의의

현대사회와는 사뭇 거리가 먼 고전소설 속 이야기들에서 지금 우리는 어떤 의미를 발견할 수 있을까? 이에 대한 답을 찾는 것이 고전소설을 연구하고 가르치는 학문의 과제라 할 수 있을 것이다. 이러한 관점에서 이 연구는 고전소설 속에 등장하는 여성 인물이 고난을 겪고 이겨내는 이야기에 주목하고자 한다. 고전소설 속 여성 인물의 고난 양상과 극복 과정은 현대의 독자에게도 희망과 깨달음을 줄 수 있을 것이기 때문이다.

인생이 기본적으로 고행길이고 고생스럽다는 점은 남성이든 여성이든 사람이라면 누구나 생각할 만할 보편적 진리이다. 그래서 비단 남성이어서 혹은 여성이어서 겪어야 하는 고난이 더 크거나 심하다고 하기는 어려울 것 같다. 어떤 인생에 유독 심한 고난이 닥치고 어떤 인생에 더 많은 고난이 생긴다는 것은 남성 혹은 여성이라서가 아니라 사람마다 다를 수밖에 없는 가정, 사회적 환경, 주변 관계 등에서 발생하는 특수성 때문일 것이다.

물론 특정 사회에서 남성이기 때문에 겪게 되는 고난도 있고, 여성이라서 겪어야 하는 고난도 있을 수 있다. 남성과 여성의 활동 범위에 제한이 있는 시대, 사회와 같이 여성이라서 자유롭지 못한 경우를 들 수 있을 것이다. 그렇지만 그런 사회, 시대에서 어떤 고난을 겪게 되는 것에는 단지 성별의 문제뿐만 아니라 태어난 환경이나 계층, 그 인생에 관계된 다른 인생들, 당대 사회문화적 특성 등 여러 다른 요인이 함께 작용한 것이라 할 수 있다.

남자든 여자든 자신이 원하는 사랑을 이루기 위해 겪는 고난이 그러하고, 외침으로 인한 전쟁의 참화가 그러하다. 태어나서 죽기까지 사람이 살아가는 과정에서 일어나는 보편적 사건이 다 그러할 것이다. 태어날 때의 집안 형편, 부모님이 다 살아 계신지, 그 부모님이 어떤 성격과 이념을 가진 부모님인지에 따라 고난이 생길 수도 있고, 사랑하고 결혼하고, 가정을 이루고, 죽음에 이르는 과정에서 각양각색의 고난이 닥칠 수 있다. 이러한 고난은 남녀를 불문하고 겪을 수 있는 것이지만 특정 시대에는 남성이라서 혹은 여성이라서 달리 체험하게 되는 양상이 나타난다.

이런 점에서 현대사회와 차이를 갖고 있는 고전소설이 향유되던 시대에 여성 인물이 고난을 겪고 이겨내는 모습은 새로운 흥미를 준다. 현대사회에서는 볼 수 없는 여성 인물의 고난이 다루어지기도 하고 그 극복 방식도 지금과는 다르게 나타나기도 한다. 그런가 하면 현대사회에서도 여전히 지속되는 여성의 고난을 고전소설에서 만나기도 한다. 이는 지금 이 시대에서도 성찰해 보아야 할 문제를 제기하는 것이라 할 수 있다.

이러한 맥락에서 이 글에서는 고전소설 작품을 중심으로 여성 인물들의 고난과 극복 이야기를 살펴보고자 한다. 고전소설 속 여성 인물이 겪는 고난과 극복의 이야기는 당대 사회를 배경으로 구조화되어 지금의 삶과는 다른 면모를 보여 주지만, 지금도 계속되는 여성의 고난 이야기로 생각할 거리를 준다. 그리고 일생을 통해 구조화된 고난과 그 극복 양상은 독자로 하여금 서사적 해결에서 누릴 수 있는 즐거움을 제공한다.

고난이라는 용어에 대하여

고전소설에 등장하는 여성 인물들은 서사 전개 과정에서 부모에게 버려져서 죽음의 위기를 겪게 되거나, 가난으로 구걸하여 살며 경제적인 문제를 해결해야 하기도 하고, 사랑하는 사람과의 결연에 장애를 만나 괴로움을 겪는 등 각양각색의 고난을 이겨내는 모습을 보여 준다. 주인공이 가정이나 사회에서 대립이나 문제를 만나 고난을 겪는 것은 고전소설이 갈등을 본질로 하는 서사 갈래라는 측면에서 본다면 당연하다고 할 수 있을지도 모른다. 그렇지만 작품에 따라 그 고난의 성격과 지향이 다르다는 점에서 작품별로 검토해 볼 필요가 있다. 특히 있을 수 있는 많은 고난의 요인들 중에서도 왜 그러한 고난이 다루어졌는가는 매우 흥미로운 문제이다. 그리고 여성 인물이 겪는 그러한 고난이 어떻게 극복되는가 하는 여성 인물의 고난과 극복 양상은 당대 독자에게 뿐만 아니라 현대의 독자에게도 고전소설을 읽는 의미를 줄 수 있다.

'고난'이라는 말은 괴롭고 어려운 일로, '고생'이라고도 한다. 기존의 고전소설 연구에서 '고난'은 영웅소설에서 보이는 영웅의 일생과 관련하여 서사 전개의 특정 단계를 지칭하는 데 많이 사용되었다. 소위 영웅의 일생의 한 단계를 고난으로 둔 것인데, 이는 여성영웅소설을 분석할 때에도 중요한 개념으로 활용된다. 여성 인물의 고난과 관련하여서는 작품 속 사건의 분석이나 의미를 다룬 연구도 있다.[1] 한

---

1) 여성의 고난을 중심으로 고전소설 작품을 분석한 연구로 다음을 참조할 수 있다.
김문희, 「고전소설에 나타난 이비고사(二妃故事)의 변용과 의미」, 『한국고전여성문학연구』 28, 한국고전여성문학회, 2014.; 김미영, 「援助者에 의한 女性의 苦難克服」, 『민속학연구』 1권 1호, 안동대학 민속학회, 1989.; 김수연, 「〈금방울전〉에 나타난 여성 고난의 치유적 성격 -조력자/치유자 서사를 통한 모성 리더십의 구현-」, 『문학치료연구』 41, 한국문학치료학

편 국문장편소설을 대상으로 여성의 삶과 관련하여 분석하면서 '수난'이라는 용어가 사용되기도 하였다.2)

고난이든 수난이든 인물이 괴로움을 겪는다는 점에서는 비슷하다. 그렇지만 소설 속 인물이 고난에 대해 지니는 태

회, 2016.; 김지혜, 「기억의 서사로 읽은 〈숙향전〉의 의미-반복 서술되는 고난의 의미 변화를 중심으로」, 『민족문화논총』 63, 영남대학교 민족문화연구소, 2016.; 탁원정, 「〈이한림전〉에 나타난 임진왜란 속 여성의 고난과 그 의미」, 『한국고전여성문학연구』 41, 한국고전여성문학회, 2020 등.
2) 이러한 양상에 대해 고전소설 연구가 주로 국문장편소설을 중심으로 이루어졌다 할 수 있다. 이와 관련된 연구로 다음을 들 수 있다.
김민정, 「〈성현공숙렬기〉에 나타난 내·외부 조력자로서의 시비(侍婢) - 열영, 상운, 매송을 중심으로」, 『한국고전여성문학연구』 41, 한국고전여성문학회, 2020.; 김은일, 「양문록계 소설에 나타난 여성의 삶」, 『古小說 研究』 42, 한국고소설학회, 2016.; 이나라, 「〈유씨삼대록〉에 나타난 혼인 여성의 고난과 의미 -진양공주를 중심으로-」, 『Journal of Korean Culture』 52, 한국어문학국제학술포럼, 2021.; 임미희, 「가문소설의 '여성 수난 극복 공간' 연구」, 서강대학교 대학원 석사학위 논문, 2012.; 장시광, 「〈현몽쌍룡기〉 연작에 형상화된 여성수난담의 성격」, 『국어국문학』 152, 국어국문학회2009; 장시광, 「〈명주보월빙〉의 여성수난담과 서술자의식」, 『한국고전여성문학연구』 17, 한국고전여성문학연구, 2008.; 장시광, 「〈쌍천기봉〉 여성수난담의 특징과 그 의미」, 『한국고전여성문학연구』 21, 한국고전여성문학회, 2010.; 장시광, 「대하소설 여성수난담의 성격 — 〈완월회맹연〉을 중심으로」, 『東洋古典研究』 47, 동양고전학회, 2012.; 장시광, 「운명과 초월의 서사 -〈임씨삼대록〉 여성수난담의 성격」, 『古小說研究』 31, 한국고소설학회, 2011.; 한정미, 「〈완월회맹연〉에 나타난 여성 인물들의 고난 극복 양상과 의미」, 『이화어문논집』 58, 이화어문학회, 2022.

도 측면에서 보면 차이가 있다. '고난을 받는다.' 혹은 '고난이 주어진다.'와 같이 주어진 고난을 받아들이는 측면이 강조된 것이 '수난'이라면 '고난'이라고 할 때에는 극복의 대상이자 극복을 위한 행위가 이어진다. 다시 말해 고전소설 작품 내에서 여성 인물이 겪는 사건으로서의 '고난'과 '수난'의 차이는, 고난은 인물에게 괴로움을 겪게 하는 사건이면서 극복의 대상으로 나타나지만, 수난은 육체적, 정신적, 사회적으로 고통을 겪는 이야기로 서술되는 것으로 정리할 수 있다.[3] 여기에서는 여성 인물이 단지 고통을 겪는 데에서 나아가 서사적으로 극복해 내는 이야기에 주목하고자 하므로 고난이라는 용어를 선택하였다.

고전소설 속 고난 이야기에 대하여

고전소설이 지니는 여러 가지 특성 중에서도 여성 인물의 고난에 대해 주목하는 관점은 문학이 지닌 사회문화적 성격[4]을 전제로 수용자의 소설 향유에 의미를 두는 것이

---

3) 장시광, 「〈현몽쌍룡기〉 연작에 형상화된 여성수난담의 성격」, 『국어국문학』 152, 국어국문학회, 2009 등
4) 문학 작품이 현실 세계의 반영이라는 관점은 이미 플라톤에서부터 제시된 것이다. 이후 이러한 관점은 비평론에서 역사주의나 사회주의 비평으로 전개되었다 할 수 있다.

다. 조선시대에 들어 창작되고 향유된 고전소설의 내용에 여성 인물의 고난이 특징적으로 비중 있게 드러나는 양상은 그 시대의 사회문화와 관련 있다는 것을 보여 주는 것이라 할 수 있기 때문이다. 이러한 맥락에서 우리 고전소설 속 여성 인물의 삶이 보여 주는 고난의 양상은 당대 향유층의 삶과 문화를 알 수 있는 단서가 될 수 있다. 또한 이러한 작품을 읽는 것이 당대 향유층이나 현대의 독자가 고전소설 속 여성 인물의 삶과 고난에 공감하고 그러한 고난을 극복하는 과정에 참여한다는 의미를 지닐 수 있음을 시사한다.

고전소설 속의 다양한 등장인물들 중에서도 여성 인물은 작품 내에서든 당대 현실에서든 약자에 속한다. 여성이 어떠한 계층에 속하는지에 따라 약자가 아닐 수도 있지 않은가 하는 의문도 있을 수 있지만, 어떠한 계층에서든, 여성은 그러한 집단 내에서도 더 낮은 지위에서 억압받는 부류에 속한다고 볼 수 있다. 예를 들면, 사대부 계층이라 할지라도 여성은 남성 사대부와 비교할 때 약자이며 지배받는 계층일 것이다. 또한 양인과 같은 일반 백성은 남성이든 여성이든 사대부에게 지배받는 집단이자 계층이지만, 여성은 일반 남성에 비하면 더 약자인 것이다.

이러한 여성의 사회적 위상을 고려하면 그들의 삶은 대

체로 고난의 역사일 가능성이 높다. 그래서 고전소설 속 여성의 삶에 대한 운명론적 형상화나 개혁적 인식은 실재하는 여성의 수난과 고통에 대한 해석이자 위안일 수 있다. 현실적으로 있을 수 있는 다양하면서도 모진 인생의 곡절을 여성 인물을 통해 그려내고서는 그러한 고통이나 고난의 원인을 찾고 극복해 나가도록 한 것은 서사구조의 의미뿐만 아니라 향유층의 세계관과 관련지을 수 있는 부분이다.

이 연구에서 다루고자 하는 고전소설 속 여성들은 이루 말할 수 없을 정도로 지독하게 힘겨운 인생의 어려움을 겪는다. 그러한 어려움은 그 여성 인물이 선택한 것이라기보다는 이미 상황적으로 주어지거나 다른 누구에 의해서 일어난 것이다. 그렇지만 그렇게 닥친 고난에 대해 여성 인물들은 자신에게 있을지 모르는 비극적 상황을 감수하고 과감한 선택을 내리고 그에 상응하는 행동으로 극복해 낸다.

이렇게 여성 인물이 겪는 고난과 극복의 양상에서 그 고난의 성격이 어떠한지, 그리고 고난은 어디에서 비롯되었는지, 또한 그 인물은 어떻게 고난에 대응하고 겪어내는지를 분석함으로써 당시 여성의 삶의 문제와 당대 향유층의 의식을 생각해 볼 수 있으며, 나아가 현재 우리의 삶과 관련지어 볼 수 있다. 이는 고전소설 속 여성 인물이 겪는 고난은 당대 향유층의 삶과 관련된다고 할 수 있기 때문이며, 이런 관점에서 볼 때 여성 인물의 행보는 독자의 관심사이자 기대, 고난에 대한 감정과 인식을 반영한 것이라 할 수 있다.

이에 작품에 따라 다양하게 형상화되고 있는 고전소설 속 여성 인물의 고난과 극복 이야기를 분석하고 의미를 찾아보고자 한다. 그래서 여성 인물이 겪는 고난의 양상에서 그 고난의 성격이 어떠한지, 그리고 고난은 어디에서 비롯되었는지, 또한 그 인물은 어떻게 고난에 대응하고 겪어내는지를 분석해 볼 것이다. 이를 통해 고전소설 속 여성 인물의 고난과 극복 이야기가 어떤 의미를 지니는지, 작품의 주제적 지향을 도출할 수 있을 것이다.

여성의 고난을 다룬 선행 연구

고전소설 속에 등장하는 여성 인물의 고난에 대한 연구는 크게 3가지 정도로 범주화해 볼 수 있다. 첫째, 서사무가나 설화와 관련하여 전승 맥락에서 본 여성 고난에 대한 연구, 둘째, 여성 영웅의 일생에 드러난 고난에 대한 연구, 셋째, 장편 가문소설에 나타난 여성 인물의 고난에 대한 연구 등이다.[5]

서사무가나 설화와 관련한 여성 인물의 고난에 대한 연

구들은 고전소설에서 볼 수 있는 여성 인물의 고난이 이전 시기 서사 갈래인 서사무가나 설화에서부터 있었던 것임을 고찰하고, 서사 갈래에 따라 여성 인물의 고난이 어떻게 형상화되고 있는지를 분석하고 있다. 김미영[6]은 설화에서 여성이 고난을 극복하는 과정에 도움을 준 원조자의 형태와 성격에 주목하고 그 의미를 고구하였다. 이를 위해 원조자의 종류를 초월적 원조자, 인간 원조자, 동물 원조자로 나누어 여성의 고난 극복과의 상관관계를 다루었다.

김헌선[7]은 서사무가가 구문학 측면에서 지니는 의의가

---

5) 이외에도 임진왜란이나 병자호란과 같은 전란을 배경으로 한 여성 인물의 고난에 대한 연구(김성란, 「역사 속의 여성의 고난에 대한 여성신학적 접근」, 『한국여성신학』 52, 한국여신학자협의회, 2003.; 장경남, 「병자호란의 문학적 형상화 연구 -여성 수난을 중심으로-」, 『어문연구』 31권 3호, 한국어문교육연구회, 2003.; 탁원정, 「〈이한림전〉에 나타난 임진왜란 속 여성의 고난과 그 의미」, 『한국고전여성문학연구』 41, 한국고전여성문학회, 2020 등)나 외국 작품과의 비교 연구(원옥계, 「베트남〈쭈엔끼에우(교전)〉와 한국〈춘향전〉의 여성수난 서사 비교 연구」, 숭실대학교 대학원 석사학위 논문, 2009.), 판소리 미학적 연구(양지인, 「여성 고난 대목을 통한 여창 판소리의 여성성 구현 - 춘향가 중 〈십장가〉, 〈옥중가〉를 중심으로-」, 『한국음악사학보』 65, 한국음악사학회, 2020.)를 들 수 있다.
6) 김미영, 「원조자에 의한 여성의 고난극복」, 『민속학연구』 1권 1호, 안동대학 민속학회, 1989.
7) 김헌선, 「「당금애기」와「바리공주」에 나타난 여성수난의 문학사적 의의」, 『경기어문학』 5-6, 경기대학교 인문대학 국어국문학회, 1985.

1)현장론에 입각한 구비서사시의 원리 문제를 제시하고, 2) 기록문학 이전의 양식으로서 문학의 존재 양상과 상호 교섭 관계에 대해 살필 수 있다는 것임을 전제로 〈당금애기〉와 〈바리공주〉를 중심으로 여성 수난의 주제[8]를 다루었다. 서사무가로 존재하는 여성의 수난이 소설이라는 글 속에 있는 여성의 수난에 어떤 저층의 기능을 하는지 검토하였다. 이를 위해 〈당금애기〉, 〈바리공주〉와 함께 〈구운몽〉, 〈조웅전〉, 〈천수석〉, 〈명월부인전〉, 〈홍계월전〉, 〈길녀〉, 〈숙향전〉, 〈이학사전〉, 〈이대봉전〉, 〈숙영낭자전〉, 〈김희경전〉 등을 다루었다.

한편 김정경[9]은 호남 지역에 전승하는 공방살이 이야기를 중심으로 여성의 고난이 의미화되는 방식을 연구하였고, 나윤하[10]는 〈숙향전〉과 〈바리공주〉를 대비하여 고전소설과 서사무가라는 서사 갈래 차이에서 오는 여성 고난 서사의

---

[8] 김헌선은 〈당금애기〉는 삶을 노래하는 서사무가인 반면, 〈바리공주〉는 죽음을 노래하는 서사무가라는 점에서 대비의 의의를 찾을 수 있다고 하였다.
[9] 김정경, 「여성 생애담에 나타난 고난의 의미화 방식 연구 -호남지역 공방살이 이야기를 중심으로-」, 『구비문학연구』 32, 한국구비문학회, 2011.
[10] 나윤하, 「서사갈래에 따른 여성 고난 서사의 구조적 차이 -고소설 〈숙향전〉과 서사무가 〈바리공주〉를 중심으로」, 『고소설 연구』 52, 한국고소설학회, 2021.

구조적 특성을 연구하였다.11) 이러한 연구들은 이야기로 전승되는 여성의 고난에 대해 서사문학의 전통 맥락에서 다양한 이야기 양식에 따라 유지되고 변형되는 양상을 다룬 의의가 있다 하겠다.12)

여성 영웅의 일생에 드러난 여성 고난에 대한 연구는 여성영웅소설 연구에서 주로 이루어졌다. 여성 영웅의 일생은 일반적인 영웅의 일생과 유사한 흐름을 보인다. 말하자면 고귀한 혈통, 비범함, 어려서 버려짐, 조력자에 의한 성장,

---

11) 이렇게 〈숙향전〉과 서사무가를 비교하는 연구로 이복화의 논문도 있다 (이복화, 「〈숙향전〉에 나타난 '여성수난' 양상 연구 : 서사무가 바리공주, 제석본풀이와의 비교를 통해」, 경기대학교 대학원 석사학위 논문, 1991.).
12) 이외에도 설화나 역사 자료를 바탕으로 여성의 고난에 접근한 연구들로 다음을 들 수 있다.
강진옥, 「야담소재 신소설의 개작양상에 나타난 여성수난과 그 의미 : 〈천연정〉과 〈雨中奇緣〉을 중심으로」, 『이화어문논집』 15, 이화여자대학교 이화어문학회 1997.
권명아, 「여성 수난사 이야기의 역사적 층위」, 『상허학보』 10, 상허학회 2003.
이유경, 「여성영웅 형상의 신화적 원형과 서사문학사적 의미」, 숙명여자대학교 박사학위 논문, 2006.
장영란, 「한국 여성-영웅 서사의 희생의 원리와 자기 완성의 철학- '딸'의 원형적 이미지분석과 '효' 이데올로기 비판」, 『한국여성철학』 9, 한국여성철학회, 2008.

능력 발휘, 고난 극복 등이다. 이러한 과정에서 여성의 고난은 그 능력을 인정받고 발휘하는 과정에서 필연적으로 드러난다. 그리고 이로 인한 고난의 성격은 여성 영웅의 자질에 따라 다양하게 형상화되는 것이다. 이에 대해 김수연[13]은 여성 인물의 수난을 중심적으로 다루는 고전소설 중에서도 여성주의적 시각을 보여 주는 작품을 〈금방울전〉으로 선정하여 그 고난의 서사가 지닌 서사의 성격을 조망하고 치유적 기능을 고찰하고 있다. 그런가 하면 최현주[14]는 현대소설에서 발견할 수 있는 대중문학적 성격을 고전소설에서 찾고 있다. 그래서 박씨부인의 활약의 의미를 논증하고, 금방울의 행위가 어떤 의미를 지니는지 설명한다. 이러한 연구의 의미는 우리 한국의 고전서사 그중에서도 여성 영웅을 그린 고전소설에서 여성 고난의 양상을 분석해내고 있다는 것이다. 그래서 여성 영웅이라는 존재가 그 출생에서부터 행복한 결말에 이르기까지 어떻게 그 숱한 고난을 이겨낸 인물인가 하는 점을 생각하게 한다.[15]

---

13) 김수연, 「〈금방울전〉에 나타난 여성 고난의 치유적 성격 -조력자/치유자 서사를 통한 모성 리더십의 구현-」, 『문학치료연구』 41, 한국문학치료학회, 2016.
14) 최현주, 「여성영웅소설의 대중문학적 성격과 그 계승」, 숙명여자대학교 교육대학원 석사학위 논문, 2003.

다음으로 장편 가문소설에 나타난 여성 인물의 고난에 대한 연구를 살펴보면 〈유씨삼대록〉,〈현몽쌍룡기〉,〈완월회맹연〉,〈유씨삼대록〉 등 다양한 장편 가문소설을 중심으로 여성 수난의 양상과 의미를 분석하고 있다. 이렇게 장편 가문소설을 대상으로 한 여성 수난 연구가 풍부한 것은 가문소설 작품들이 대체로 서사의 분량이 많으면서 사대부 가문 내에서 생활하는 여성들의 이야기가 다각도로 펼쳐지기 때문으로 보인다. 그리고 조선 시대의 가부장제가 어떻게 여성을 수난에 빠뜨리는지 그 양상을 나누기에 적절한 작품들이기 때문이라 할 수 있다.16)

---

15) 이규훈은 여성 영웅소설을 고난 극복이라는 관점에서 유형화하고 분석하고 있다(이규훈,「조선 후기 여성 주도 고난 극복 고소설 연구」, 한국교원대학교 대학원 박사학위 논문, 2009.).
16) 이러한 연구들로 다음을 들 수 있다. 이나라,「〈유씨삼대록〉에 나타난 혼인여성의 고난과 의미 -진양공주를 중심으로-」,『Journal of Korean Culture』52, 한국어문학국제학술포럼, 2021.; 임미희,「가문소설의 '여성수난 극복 공간' 연구」, 서강대학교 대학원 석사학위 논문, 2012.; 장시광,「〈현몽쌍룡기〉 연작에 형상화된 여성수난담의 성격」,『국어국문학』152, 국어국문학회, 2009.; 장시광,「〈명주보월빙〉의 여성수난담과 서술자의식」,『한국고전여성문학연구』17, 한국고전여성문학회, 2008.; 장시광,「〈소현성록〉연작의 여성수난담과 그 의미」,『우리문학연구』28, 우리문학회, 2009.; 장시광,「〈쌍천기봉〉 여성수난담의 특징과 그 의미」,『한국고전여성문학연구』21, 한국고전여성문학회, 2010.; 장시광,「〈유효공선행록〉에 형상화된 여성수난담의 성격」,『배달말』45, 배달말학회

장시광은 〈명주보월빙〉, 〈현몽쌍룡기〉, 〈소현성록〉, 〈쌍천기봉〉, 〈유효공선행록〉, 〈완월회맹연〉 등 일련의 국문장편소설을 대상으로 여성수난의 양상과 성격, 의미를 밝히고 있어 주목된다. 이들 연구에서 여성수난담은 "작품의 여성인물이 육체적, 정신적, 사회적으로 수난을 당하는 것을 형상화한 이야기"로 정의되고 있다.17) 이러한 수난에 대한 정의는 시몬느 베이유가 제시한 수난의 범주 세 가지, 즉 육체적, 정신적, 사회적 고난에서 비롯된 것이다.18) 이들 연구의

2009.; 장시광, 「대하소설 여성수난담의 성격 - 〈완월회맹연〉을 중심으로」, 『동양고전연구』 47, 동양고전학회, 2012.; 장시광, 「운명과 초월의 서사 -〈임씨삼대록〉 여성수난담의 성격」, 『고소설 연구』 31, 한국고소설학회, 2011 등.

17) 이 부분을 인용해 보면 다음과 같다(장시광, 「〈현몽쌍룡기〉 연작에 형상화된 여성수난담의 성격」, 『국어국문학』 152, 국어국문학회, 2009, 367쪽.). "여성수난담을 좀더 구체적으로 정의하면 '작품의 여성인물이 육체적, 정신적, 사회적으로 수난을 당하는 것을 형상화한 이야기'이다. 대하소설에서 육체적 수난은 감옥에 갇히는 것, 자객에게 납치를 당하거나 당할 뻔하는 것, 자의든 타의든 물에 빠지는 것, 불에 타 죽을 뻔하는 것, 칼에 찔리는 것, 폭행당하는 것, 강간당하는 것, 독약을 마시는 것 등을 들 수 있다. 정신적 수난은 음란한 여인으로 모함을 받아 스트레스를 받는 것, 시부모를 살해했다는 누명을 쓰고 충격을 받는 것, 남편의 호방함과 호색 때문에 남편과 갈등을 빚는 것, 친자식의 죽음으로 슬픔을 겪는 것 등을 들 수 있다. 사회적 수난은 집안에서 출거되거나 임금의 명으로 역시 집안에서 출거되는 것, 임금의 명으로 유배를 가는 것 등을 들 수 있다."

관점은 각 작품에서 수난담의 범주에 따라 여성 인물들이 겪는 육체적, 정신적, 사회적 고난의 양상을 정리하고 어떻게 해결되는지를 분석한다.

이러한 여성의 삶에 대한 일련의 연구들은 사회역사적 맥락에서 여성 고난에 대한 의미를 찾는 방향으로 이루어져 왔다. 종합해 보자면 이들 연구는 국문장편소설에서 볼 수 있는 여성 인물의 수난을 중점적으로 다루거나, 신화나 설화와의 관련성에서 여성의 삶을 어떻게 형상화하는지 그 방식에 주목하기도 하고, 여성 영웅을 중심으로 고난 극복 방식과 그 의미를 탐색하였다는 것을 알 수 있다. 이 연구는 이들 연구를 바탕으로 하면서도 여성 인물이 겪는 고난의 양상을 통해 고난에 대한 해석의 방향과 수용적 의미를 분석해 보고자 한다.

---

18) S. Weil, Das Unglück und die Gottesliebe. Mit einer Einführung von T.S.Eliot, München, 1953, pp.110-134, 도로테 죌레, 최미영·채수일 옮김, 「고난」, 한국신학연구소, 1993, 19쪽.

2.

자신을 아낌없이 내어주다,
　　　심청 : 〈심청전〉

<심청전>의 심청 이야기

〈심청전〉은 오랫동안 사랑받아 온 심청 이야기를 소설로 구현한 작품이다. 〈심청전〉의 심청 이야기를 사람들이 얼마나 좋아하였는지를 〈심청전〉의 다양한 존재 방식에서 알 수 있다. 소설 〈심청전〉만 해도 이본이 200여 종은 되는 것으로 알려져 있고,1) 〈심청전〉은 소설로서뿐만 아니라 판소리, 창극, 오페라, 뮤지컬, 애니메이션, 영화 등 다양한 매체 양식으로 향유되어 왔기 때문이다. 〈심청전〉의 형성 시기를 정확하게 가늠할 수는 없으나, 대략 17, 18세기 정도로 추정한다 하더라도 심청의 이야기는 최소 300년 이상 지속되어 왔다 할 수 있다. 이러한 점에서 〈심청전〉은 지금까지 전해져 오면서 시간 속에서 끊임없는 변화를 겪기도 하면서 많은 사람들에게 사랑받으며 향유된 역사를 지닌 작품이다.

이렇게 〈심청전〉은 오랫동안 다양하고 풍부한 이본을 형성하며 지금까지 이어져 왔기 때문에 어떤 이본으로 〈심청전〉을 읽는지에 따라 그 서사나 감정, 주제 의식을 다르게 파악할 수 있다. 예를 들어 경판본 〈심청전〉은 유교적 이념

---

1) 김영수는 〈심청전〉의 이본이 230여 종에 달한다고 보고한 바 있다(김영수, 「필사본 〈심청전〉의 계열과 전승시기 연구」, 『판소리연구』 11, 판소리학회, 2000, 163쪽.).

으로서의 효를 충실히 구현하고 있다면, 완판본 〈심청전〉은 여러 인물들의 등장과 풍부하고 역동적 사건 서술로 흥미를 자아내고, 후대에 만들어진 여러 판본의 〈심청전〉에서는 절대적 이념으로서의 효에 대해 의문을 제기하는 목소리가 표현되기도 한다.

"경판본에서는 출천대효(出天大孝) 심청과 그의 아버지 심학규가 주요 인물로 등장한다. 심청은 오직 눈먼 아버지에게 지극한 효성을 다하다가 인단소에 투신한다. 투신 이후에도 아버지를 만나기 위한 일념만을 보인다. 심 봉사 역시 딸만을 위하여 살 뿐이며, 심청의 투신 이후에도 심청만을 생각하며 초라하게 살아간다. 경판본의 작자는 작품 전체에 지극한 효성의 분위기를 자아내는 데 전력하고 있으며, 심청의 죽음은 피할 수 없는 숙명으로 제시된다. 따라서 경판본은 유교적 엄숙성과 숙명론적 운명관에 의해 지배되고 있다.

한편, 완판본은 경판본보다 훨씬 더 많은 등장인물과 사건을 담고 있다. 완판본에는 무릉촌 장 승상 부인, 뺑덕어미, 키덕어미, 무릉촌 태수, 방아 찧는 아낙네들, 황봉사, 안씨 맹인 등의 인물들이 더 등장한다. 이들 중 대부분은 작품의 후반부에 등장하여 심봉사를 희화화시키는 기능을 담당한다. 장 승상 부인은 심청에게 양녀 되기를 제안하고 또, 심청의 죽음을 통한 효의 실현에 반대한다. 즉, 장 승상 부인은 심청이 추구하는 유교적 관념에 이의를 제기하고 현실적 해결 방법을 내놓는 인물로서 기능한다. 뺑덕어미는 현실적이고 물질지향적인 인물로서, 심봉사를 현실적이고 비속한 인물로 만드는 데 가장 큰 역할을 담당한다. 심청은 경판본이나 완판본이나 성격이 크게 다르게 나타나지 않으나, 심봉사는 두 본에서 성격이 아주 다른 인물로 나타난다."[2]

위에서 설명하고 있는 경판본과 완판본의 비교에서 잘 알 수 있듯이 〈심청전〉의 판본에 따라서는 인물의 형상화나 주제 의식, 세계관에 차이가 나타난다. 대비가 잘 드러난다는 점에서 경판본과 완판본만 비교하였지만, 여러 필사본과 활자본, 나아가 판소리 창본 등 여러 계열의 이본을 함께 비교하면 더욱 다양한 〈심청전〉의 면모를 볼 수 있다.

그렇다면, 다양한 〈심청전〉 이본들에서 공통적으로 나타나는 심청이 이야기는 대체로 어떠한 것인지 살펴볼 필요가 있다. 앞서도 설명하였듯이, 〈심청전〉의 판본은 매우 다양하여 어떠한 이본으로 〈심청전〉을 읽었는지에 따라 서사 전개나 구체적 서술의 내용이 다를 수 있다. 그럼에도 불구하고 〈심청전〉이라고 인정할 수 있는 공통 서사로서의 심청 이야

---

[2] 한국민족문화대백과사전, https://encykorea.aks.ac.kr/Article/E0033945

기가 있다. 여기서 최운식이 〈심청전〉의 전체 이본이 가진 공통적 이야기 요소로 정리한 것을 참조할 수 있다.3)

　　가. 심청의 출생
　　　ㅇ 고키한 가계의 만득 독녀이다.
　　　ㅇ 선인적강의 태몽을 꾸고 잉태되어 출생한다.
　　나. 심청의 성장과 효행
　　　ㅇ 심청은 일찍 모친을 잃고 봉사인 부친의 양육을 받는다.
　　　　- 심청의 모친이 일찍 죽는다.
　　　　- 심 봉사가 젖, 곡식을 동냥하여 심청을 양육한다.
　　　ㅇ 심청의 비범성이 나타난다.
　　　ㅇ 심청이 동냥, 품팔이를 하여 부친을 봉양한다.
　　　ㅇ 심청은 아버지의 눈을 뜨게 하려고 공양미 삼백 석에 몸을 판다.
　　　　- 심 봉사가 물에 빠진다.
　　　　- 화주승에게 구출을 받는다.
　　　　- 눈을 뜰 수 있다는 말에 백미 삼백 석 시주를 약속한다.
　　　　- 심청이 공양미 삼백 석에 선인들에게 팔려 간다.
　　　　- 선인들이 심 봉사의 생활 대책을 마련해 준다.

---

3) 최운식,『심청전 연구』, 집문당, 1982, 111-112쪽.

다. 심청의 죽음과 재생
  ○ 심청이 인당수(인단소, 임당수)에 몸을 던진다.
  ○ 심청이 용궁에 갔다가 용왕의 도움으로 꽃을 타고 돌아온다.
    - 심청이 용궁에 간다.
    - 심청이 장래를 예언 받는다.
    - 심청이 꽃을 타고 용궁에서 돌아온다.
라. 부녀상봉과 개안
  ○ 심청이 황후가 된다.
    - 선인들이 해상에서 꽃을 발견한다.
    - 선인들이 황제에게 꽃을 바친다.
    - 황제가 꽃 속의 심청을 발견한다.
    - 심청이 황후로 책봉된다.
  ○ 심 황후가 부친을 만나기 위해 맹인연을 소청한다.
  ○ 부녀가 상봉하고 심 봉사는 개안한다.

위에서 보듯이, 〈심청전〉의 주요 서사는 심청의 출생, 성장과 효행, 죽음과 환세, 부녀상봉으로 전개되는데, 핵심적 내용을 정리하면 심청의 일생이라 할 수 있겠다. 그런데 최운식이 정리한 〈심청전〉의 서사는 모든 〈심청전〉에 나타나는 필수적 공통 요소라기보다는 완판본, 즉 비교적 서술이 풍부한 이본을 기준으로 한 것이다. 다시 말해, 〈심청전〉의 이본 중에서는 위의 서사 요소가 포함되지 않는 경우들이 종종 있는데, 대개 초기 계열의 필사본이 그러하다. 예를 들어 어떤 이본에서는 심청의 출생 전 서술이 없다. 그것은 〈심청전〉의 시작 부분이 심 봉사가 심청과 함께 살고 있다는 것에서 시작하기 때문이다. 이러한 경우, 심 봉사의 부인에 대한 언급이나 서술도 없다. 그런가 하면 서사의 요소는 공통적으로 나타난다 할지라도 서술의 분량이나 풍부함이 달라 차이를 보인다.

여기서는 완판본을 중심으로 다음과 같이 〈심청전〉의 서사를 정리하였다.

> 송나라 말년에 황주 도화동에 심학규가 살고 있었다. 대대로 벼슬을 한 집안이었으나 형편이 점점 기울어 심학규가 아직 스무 살이 되지 않았을 때 앞을 못 보게 되었다. 그의 아내는 곽씨 부인이었는데 어질고 지혜로웠다. 물려받은 재산 없이 가난하게 살았지만 열심히 살림을 하여 사람들의 칭송을 받았다.[4]
>
> 그렇지만 심학규 부부는 마흔이 되도록 자식이 없어 근심하다가 그동안 모은 재물로 온갖 공을 들여 기도했다. 그러다 갑자년 사월 초파일에 선녀가 품안에 들어오는 꿈을 꾸고 딸을

---

4) 이본에 따라서는 심청의 아버지와 어머니 이름이 다르게 나온다.

낳아 이름을 심청이라 하였다. 부부는 아기를 안고 즐거워했으나, 곽씨 부인이 출산 후 병이 나서 죽게 되었다.

홀로 남겨진 심 봉사는 젖동냥을 하여 심청을 키운다. 심청이 예닐곱 살이 되었을 때 스스로 동냥을 하겠다고 나서서, 그때부터 심청은 밥을 동냥하여 부친 심 봉사를 봉양하였다. 이러한 심청의 효성을 온 동네 사람들이 칭찬하였다. 어느 날 장승상 부인이 심청을 불러 다니러 간 사이에 심 봉사가 심청을 기다리다가 개천에 빠진다. 이때 몽운사 화주승이 심 봉사를 건져 살리는데, 공양미 삼백 석을 올리고 불공하면 눈을 뜰 것이라 한다. 심 봉사가 눈 뜬다는 말에 혹하여 3백 석을 약속하고, 이를 구하기 위해 심청은 남경 장사들에게 자신을 인당수의 제물로 판다.

뱃사람들은 심청 없이 살아갈 심 봉사의 신세를 생각하여 공양미 삼백 석뿐만 아니라 쌀 2백 석과 돈 3백 냥, 무명 삼베 등을 준다. 눈물을 흘리며 인당수로 떠난 심청이는 마침내 뱃전에서 뛰어내려 물에 풍덩 빠진다. 그런데 죽을 줄 알았던 심청은 옥황상제의 명으로 용궁에 가서 머물다가 옥진부인이 된 어머니 곽씨를 만나 모녀의 정을 나누고, 큰 꽃송이에 두 시녀와 함께 타서 세상으로 돌아온다.

심청이 탄 꽃이 인당수에 떠 있었는데 고국으로 돌아오던 뱃사람들이 심청의 영혼이 꽃이 되었나 하며 세상에 없는 꽃을 배에 싣고 와서 천자에게 바친다. 천자가 꽃봉오리 속에서 나온 심청과 혼인하여, 심청은 황후가 된다.

황후가 된 심청은 부귀를 누리면서도 아버지를 항상 근심하다가 황제에게 아버지 심학규를 이야기한다. 황제는 심학규를 모셔 오도록 하였으나 찾지 못하여 맹인 잔치를 열게 된다. 한편 심학규는 심청이 인당수로 떠난 후 뺑덕어미와 함께 살다가 더 이상 먹을 것이 없게 되자 유리걸식한다. 그러다가 맹인 잔치 소문을 듣고 서울로 향하는데, 뺑덕어미는 황 봉사와 도망가 버리고 심 봉사는 홀로 길을 가게 된다. 심 봉사는 옷을 잃어버리기도 하고 방아찧기도 하며 서울로 가다가 안씨 맹인의 집에서 하룻밤을 보낸다. 맹인 잔치에 참석한 심 봉사는 황후가 된 딸 심청과 만나 반가움에 눈을 뜨고 기뻐 춤춘다.

이러한 〈심청전〉의 대략적인 서사에서 핵심적 인물이 심청과 심학규임을 알 수 있다. 심청이 겪는 고난도, 심청이 고난을 극복해 내는 과정과 결과도 아버지 심 봉사와 밀접한 관련이 있다. 이제 〈심청전〉에서 심청이 겪는 고난과 극복을 중심으로 하여 살펴보도록 하자.

심청은 어떤 고난을 겪었을까?
➢ 어릴 적 돌아가신 어머니

심청이 겪는 고난은 심청이 처한 집안 상황과 가족과 밀접한 관련이 있다. 우선 심청의 집안 환경이 어떠한지 〈심청전〉에 제시된 내용을 보면, 한 끼 식사를 마련하기가 힘든 상황임을 알 수 있다. 그런데 이런 가난은 심청이 태어났을 때부터 있었지만, 이미 심청이 태어나기 전, 심 봉사 때부터 매우 가난했었음을 알 수 있다.

> 대대로 높은 벼슬을 한 혈족으로 소문이 자자하였으나, 가문의 형세가 몰락하여 스무 살이 안 되었을 때 앞을 못 보게 되었다. 그러니 높은 벼슬로 진출할 길은 끊어지고 아름다운 명예도 무너졌나. 시골에서 곤하게 사는 신세에 가까운 친척도 없고 겸하여 눈까지 어두워졌으니 어느 누가 제대로 대접해 주겠는가마는, 양반의 후예로 행실이 청렴하고 지조가 굳건하니 사람들이 모두 군자라고 칭찬했다. …(중략)… 물려받은 재산도 전혀 없어 한 칸짜리 집에 궁벽한 살림살이로 앞일은커녕 당장의 끼니조차 해결하기 힘들었다. 바깥에는 논밭이 없고 행랑방에는 종이 없어, 가련하고 어진 곽씨 부인 몸을 버려 품을 팔아 삯바느질을 했다. …(중략)…그러고는 품팔아 모은 재물로 온갖 공을 다 들였다.〈완판본〉[5]

심학규의 가문은 대대로 벼슬을 하였으니 양반으로 위

---

5) 다양한 〈심청전〉 이본 자료는 '김진영 외, 『심청전 전집』 1-12, 박이정, 1997.'에서 볼 수 있다. 여기서는 원전을 바탕으로 번역하여 제시하도록 한다.

세가 있었을 것 같지만, 구체적 이유는 알 수 없이 몰락하였다고 나온다. 그래서 심학규는 앞을 못 보는 봉사가 되고, 자연히 입신양명도 불가능해졌다. 심학규가 언제 혼인을 하였는지 알 수 없으나 그 부인 곽씨는 현철하고 덕이 높으며 살림을 열심히 하는 부지런한 여인으로 제시된다. 그래서 심학규는 가난으로 눈이 멀고 벼슬도 할 수 없는 상황이 되었으나 곽씨 부인이 열심히 품을 팔아 돈을 모음으로써 형편이 나아진다.

  심 봉사의 이름은 학규니 나이 삼십에 몇 해 전 불행하게도 눈병이 들어 아주 눈이 멀어 맹인이 된 터이라. 누대 명문거족의 후예로 문벌도 혁혁하고 가세(家勢)도 부유하더니 심 봉사의 부친 때부터 벼슬자리에는 발자취가 끊어지고 금장자수에 공명이 비었으니 집안 형편이 자연 보잘것없어져 시골구석의 빈곤한 신세가 되어 가까운 친척도 없이 중년에 세상을 이별한 고로 그 아들 심학규가 홀로된 모친을 모시고 어린 아내와 친척을 거느려 근근이 생명을 보전하다가 수년 전에 모친도 세상을 떠나시고 학규는 두 눈이 어두우니 그 가긍한 정경은 형언하기 어려운 터이라. 그러나 심 봉사는 심정이 단아하고 행실이 군자라. 다만 학식은 별로 없어 시골 무식한 농민의 어리석은 풍속이 많이 있으나 그 부인 곽씨는 임사의 덕성과 장강의 자색과 목란의 절개를 겸비하여 아무리 빈곤한 중에서라도 손님을 대접하며 이웃과 화목하여 가장을 공경하며 가사를 다스리는 갖가지 일에 예의를 지켜 하니 과연 백이숙제의 청렴이요, 안연의 가난이라.(활자본, <몽금도전>)6)

위 인용문에서도 심 봉사의 처지나 집안 사정은 유사한데, 심 봉사가 앞을 못 보게 된 나이나 심 봉사의 가난에 대한 평가 등에 차이가 있다. <몽금도전>에서는 심 봉사의 나이가 삼십 살일 때 눈병이 들어 맹인이 되었다고 하여, 완판본에 비해 훨씬 더 나이가 많은 시점으로 잡고 있다. 앞을 못 보게 된 나이가 후대일수록 생활면에서나 지식 습득, 사회 활동 측면에서 고달픔은 덜하다고 할 수 있다. <몽금도전>에서 눈에 띄는 부분은 심 봉사나 곽씨 부인의 모습이 매우 점잖고 예의 바른 군자로 그려져 이들이 겪는 가난이 비루함이나 비참함이 아니라, 청렴결백이라는 가치와 연결된다는 것이다.

곽씨 부인이 처한 가난은 논밭 하나 없고 종도 없는 집에서 먹고살아야 하는 현실이었기 때문에 완판본의 "몸을

---

6) 이 이본은 박문서관에서 1916년에 간행된 활자본으로, 표제는 <신정 심청전 몽금도전>이다. 이하 이 이본을 표시할 때는 <몽금도전>으로 하도록 한다. 인용문의 출처는 '서유경, 『신정 심청전(몽금도전)』, 박문사, 2019.'이다.

버려 품을 팔아"에서 볼 수 있듯이, 삯바느질을 하고 동네의 온갖 일에 나선 것이다. 이렇게 곽씨 부인이 일을 한 덕분에 돈이 점점 모여 나중에는 이웃집에 돈을 빌려주고 이자를 받는 상황에 이르게 된다. 곽씨 부인의 능력은 심학규의 몰락한 집안을 일으켜 가난에서 벗어나게 한 대단한 것으로 보인다. 이러한 〈심청전〉 초반부의 서술은 심학규 집안 상황과 눈이 멀게 된 것, 그래서 앞일이 막막할 정도의 가난에 처했으나 곽씨 부인의 부지런함과 지혜로 해결되었음을 말해 준다.

그렇지만 심학규 가정의 문제는 가난이 전부가 아니었다. 가난이 어느 정도 해소되고 나니 자식 없는 것이 걱정이었던 것이다. 심학규 부부는 이를 근심하다가 "품팔아 모은 재물로 온갖 공을 다 들였다."라고 하니, 그사이에 모은 재물이 아깝지 않을 정도로 자식을 간절히 원했기 때문으로 보인다. 심학규는 곽씨 부인 덕분에 몰락한 집안으로 인한 가난을 면할 수 있게 되었지만, 아이를 낳기 위한 공을 들이느라 재물을 쓰고 정성을 들인 것이다.

온갖 공을 들여 태어난 심청은 심학규 부부가 기대하고 간절히 바란 아이였으니 기쁘고 행복한 일이었겠지만, 중대한 문제가 생긴다. 그것은 바로 곽씨 부인의 죽음이다. 곽씨

2. 자신을 아낌없이 내어주다, 심청 : 〈심청전〉

부인은 심청을 낳은 지 일주일이 못 되어 해산으로 인한 여러 가지 병증으로 아프기 시작하여 결국 죽게 된다. 곽씨 부인의 죽음은 심학규에게는 아내를 잃는 고통을, 심청에게는 어머니 없이 자라야 하는 고난을 가져온다.

곽씨 부인은 죽으면서 자신이 죽고 나서 생길 집안의 어려움, 심학규와 심청이 겪을 고난을 이야기한다.

> "눈을 어찌 감고 갈까. 어느 누가 헌 옷 지어 주며 맛난 음식 어느 누가 권할까? 내가 한번 죽고 나면 눈 어두운 우리 가장 사고무친(四顧無親) 혈혈단신(孑孑單身) 될 것이라. 의탁할 곳이 없어 바가지 손에 들고 지팡막대 부여잡고 때맞추어 나가다가 구렁에도 빠지고 돌에도 채여 엎드려져서 신세 자탄으로 우는 모습, 눈으로 바로 보는 듯하다. 집집마다 문 앞에 찾아가서 밥 달라는 슬픈 소리가 귀에 쟁쟁하게 들리는 듯하다. 나 죽은 후에 혼백이 되었다 한들 차마 어찌 듣고 보며, 명산대찰 신공 들여 사십에 낳은 자식을 젖 한 번도 못 먹이고 얼굴도 채 못 보고 죽는단 말인가?
>
> 전생에 무슨 죄로 이생에 생겨나서 어미 없는 어린것이 되어 누구 젖 먹고 자라나며, 가군이 자기의 한 몸도 주체를 못하는데 또 저것을 어찌하며 그 모양은 어찌할까? 멀고 먼 황천길에 눈물겨워 어찌 가며 앞이 막혀 어찌 갈까?"(완판본)

곽씨 부인이 안타까워하는 말 속에서 앞으로 심학규와 심청이 어떤 일을 겪게 될지 알 수 있다. 심학규는 앞 못 보는 봉사이기 때문에 누군가 도와줄 사람이 필요한데 사고무친(四顧無親)하다 하였으니, 주변에 아무도 없어 무엇 하나 부탁할 사람이 없다. 그러니 심학규가 어디 외출이라도 하려고 하면 구렁에도 빠질 것이고, 돌에도 채일 것이 분명하고, 그런 일이 벌어지면 땅에 엎어져서 자기 신세 한탄하며 울게 될 것이라 하며, 곽씨 부인은 자기 죽음 앞에서 남편 걱정을 한다.

심청은 이제 태어난 지 며칠 되지도 않은 갓난아기이기에 젖을 먹고 자라나야 하는데 엄마가 죽고 나면 누가 젖을 먹이고 누가 양육하겠는가? 사실 이때부터 심청의 고난이 시작되었다고 할 수 있다. 갓 태어난 아기인 심청에게 어머니의 부재는 생존의 위기에 가까운 고난이다. 왜냐하면 심청의 아버지 심학규는 눈이 멀어 자신의 몸도 주체하기가 어려운 상황이기 때문이다. 그래서 심청의 엄마 곽씨 부인은 "멀고 먼 황천길에 눈물겨워 어찌 가며 앞이 막혀 어찌 갈까?" 하며 통곡한다. 자신이 낳은 예쁜 아기를 두고 죽으려 하니 눈도 감아지지 않는 것이다.

어머니 없이 자라야 하는 갓난아기 심청의 현실은 심 봉사의 울부짖음에도 나타난다.

　　가슴을 꽝꽝 두드리며 머리 탕탕 부딪히며 아래로 뒹굴 위
로 뒹굴고, 엎어지며 자빠지며 발 구르며 고통하며
　　"여보, 마누라! 그대 살고 내가 죽으면 저 자식을 키울 것을!
내가 살고 그대 죽어 저 자식 어찌 키우잔 말인고. 애고, 애고!
모진 목숨 살자 하니 무엇을 먹고 살며, 함께 죽자고 한들 어
린 자식은 어찌할까? 애고! 동지섣달 찬 바람에 무엇을 입혀
키워내며 달은 지고 침침한 빈 방안에서 젖 먹자고 우는 소리,
누구 젖 먹여 살려낼까? 마오, 마오. 제발 덕분 죽지 마오!"

　곽씨 부인의 죽음은 그 자체로 슬픈 것이지만, 남겨진
가족, 심 봉사와 심청에게는 앞으로 살아갈 길이 질곡에 빠
진 것같이 힘든 고난이 되는 것임을 심 봉사 스스로 말하고
있다. 그러니 심 봉사가 심지어 자신이 죽고 곽씨 부인이 살
면 어린 심청을 키울 수 있지 않겠느냐고 하고, 당장에 자신
이나 심청이나 먹고살 일이 막막하다고 통곡한다. 특히 어
린 심청에게는 젖을 먹여줄 엄마가 있어야 하는데, 누구의
젖을 먹여 살려낼 것인가 울부짖는다.
　이렇게 심청은 태어난 직후부터 어머니의 부재에 직면
하고, 세상에 홀로 내던져진 것 같은 어려움을 이겨내야 하는

상황에 놓인다. 심 봉사는 매일매일 동냥으로 심청에게 젖을 얻어 먹이고 자신의 끼니도 그 사이사이에 빌어서 해결하며 살아간다.

이러한 심 봉사의 젖동냥 장면이 완판본에는 있지만 경판본에는 나타나지 않는다. 경판본에서는 심 봉사 부부가 심청을 낳고, 심청이 어머니의 죽음을 맞을 때까지가 다음과 같이 서술된다.

> 부인이 신몽을 얻고 인하여 그달부터 잉태하여 열 달 만에 여자아이 하나를 낳으니, 부부가 그 아이가 아들이 아님을 애달파하였으나 그 딸아이의 곱고 아름다움이 비범함을 보고 사랑하여 이름을 청이라 하고 자를 몽선이라 하여 장중보옥(掌中寶玉)으로 여기며 살았다.
> 청이 점점 자라 세 살이 되니 용모가 아름답고 재질이 기이하면서도 출천지효(出天之孝)가 지극하니 이웃 사람들과 친척들이 칭찬하였다. 그렇지만 흥진비래(興盡悲來)는 고금상사(古今常事)라. 정씨가 홀연 득병하여 마침내 세상을 버리니 공이 크게 슬퍼하며 애도하고 예를 갖추어 안장하고 어린 딸을 품고 주야로 슬퍼하였다. 청이 또한 모친을 부르짖어 대성통곡하니 그 부녀의 정경을 차마 볼 수 없었다.(경판본)

경판본에서는 심 봉사의 이름은 심현, 그 부인이자 심청의 어머니는 정씨로 나와서 완판본과는 차이가 있다. 심청이 태어나고 부인의 죽음까지를 보면, 부인이 태몽을 꾸고 나서 아이를 낳았고, 딸인 것을 서운해 하긴 하였으나 예쁜 딸을 사랑하였다고 하고, 심청이 세 살이 되었을 때 부인 정씨가 갑자기 병이 나서 세상을 버렸다고 매우 간결하게 서술하고 있다. 완판본에서는 심청이 태어난 지 얼마 되지 않아 어머니 곽씨가 죽었기 때문에 어머니의 죽음으로 인한 슬픔이나 고통을 인식하기 어려웠다면, 경판본에서는 심청이 "모친을 부르짖어 대성통곡"하였다고 하여 비록 어리지만 어머니의 상실이 주는 아픔을 절실히 표현하고 있음을 알 수 있다.

그리고 경판본에서는 심현의 눈이 멀게 된 시점이 부인이 죽고 나서인 것으로 제시되어 있어서 완판본과 차이가 있다. 이는 심청이 세 살 정도 될 때까지는 심 봉사가 눈이 멀지 않았던 셈이다.

> 공의 가세가 점점 탕진하며 질병이 침면(沈綿)하여 침상을 떠나지 못하는 중에 또한 안질을 얻어 몇 달이 지나지 못하여 지척을 분변치 못하게 되니, 생계가 더욱 망측하여 약간 가산을 다 팔아 조석을 이으니, 기식(氣息)이 엄엄(奄奄)한지라.(경판본)

앞에서 보았듯이 완판본에서는 심 봉사의 집안이 기울어 가난해지면서 심학규가 눈이 멀게 되었다고 했는데, 경판본에서는 부인이 죽고 나서 가세가 점점 기울게 되고 질병을 얻어 고생하다 눈이 멀었다고 한다. 그래서 심현은 부인의 죽음 후 봉사가 되고, 눈이 먼 것이 원인이 되어 생계가 매우 어려워졌다고 할 수 있다. 심청의 어머니가 죽고 나자 아버지 심현은 눈이 멀고, 그래서 "생계가 더욱 망측하여"졌다고 한다. 눈이 멀어 아무것도 할 수 없어진 심 봉사는 결국 가산을 팔아 끼니를 해결하는 처지가 되고 만다. 그 상황의 심각성은 "기식이 엄엄하다"는 표현에서 짐작할 수 있다. 얼마나 가난한지, 목숨이 끊어질 지경인 것이다.

이렇게 심청 어머니의 죽음은 집안이 무너지고, 온 가족의 목숨이 위태해지는 매우 충격적이면서 큰 사건이라 할 수 있다. 그리고 이는 심청이 이겨내어야 할 고난과 직접적으로 연결된다. 다음에서 이러한 심청 어머니의 죽음이 가져온 어려움을 확인할 수 있다.

> 심청이 이날부터 혼자 빌러 나갈 적에 불쌍하여 못 볼 정도였다. 백설 한풍 추운 날에 날아다니는 새들도 끊어졌는데, 해겨서 너덜너덜한 의복에 살점이 울긋불긋 천한각불말(天寒脚不襪) 벗은 발 헌 짚신에 쪽박을 옆에 끼고 맑은 내 나는 집을 찾

아가서 비는 말이

"병신 아비 집에 두고 밥을 빌러 왔사오니 댁의 밥 한 술 덜 잡숫고 일반지덕(一飯之德) 베푸시오."

밥 푸는 여인들이 뉘 아니 탄식하리.

"네가 벌써 저리 커서 혼자 밥을 비는구나. 너의 모친 살았으면 네 정경이 저리 되랴."(신재효본 <심청가>)

어린 심청이 봉사 아버지를 대신하여 동냥을 다니는데, 그 모습이 처량하다 못해 처절하다. 한겨울에 제대로 된 의복도 갖추어 입지 못해 누더기 같은 옷에 구멍까지 나서 살점이 울긋불긋하다. 추운 날씨에 살이 얼어붙은 모습을 이렇게 표현했다. 이런 모습으로 동냥을 가니 밥 주는 여인네들이 "너의 모친 살았으면" 하고, 심청이 저런 지경으로 살지는 않으리라 하는 것이다.

이렇게 어린 심청이 성장하기 전까지는 심 봉사 집안의 가난이나 사회적 무능이 부인의 활약 덕분으로 해결될 수 있었으나 심청의 어머니가 죽음으로 인해 집안의 살림살이나 생계 모든 것이 무너지게 된다. 그리고 심청은 어머니를 대신하고, 아버지를 보살피는 역할을 하게 된 것이다.

➢ 가난과 장애 부친 봉양

심청이 겪는 고난은 아버지의 동냥을 스스로 하겠다고 나선 뒤 현실로 다가온다. 심청이 처한 가난한 현실은 동냥하는 심청의 모습과 말에서 잘 나타난다.

> 버선 없이 발을 벗고 뒤축 없는 신을 끌고 헌 바가지 옆에 끼고 단지 노끈 매어 손에 들고 엄동설한 모진 날에 추운 줄을 모르고 이 집 저 집 문앞 문앞 들어가서 애근이 비는 말이
> "모친은 세상 버리시고 우리 부친 눈 어두워 앞 못 보신 줄 누가 모르시겠습니까? 십시일반(十匙一飯)이오니 밥 한 술 덜 잡수시고 주시면 눈 어두운 나의 부친 시장을 면하겠소. …(중략)… 이렇듯이 공양하며 춘하추동(春夏秋冬) 사시절(四時節) 없이 동네 걸인 되었더니"(완판본)

심청이 동냥을 다니는 처지이니 그 모습은 거지라 할 만하다. 엄동설한이라 했으니 매우 추운 겨울인데, 버선도 없이 맨발로, 뒤축도 없는 신을 끌고, 바가지도 헌 바가지를 끼고 밥을 얻으려 문을 두드린다. 심청이 맞닥뜨린 가난은 어머니는 돌아가시고, 눈이 어두워 앞을 못 보는 장애인 아버지를 보살펴야 하는 데에서 온 것이다. 한마디로 "춘하추동 사시절 없이 동네 걸인"이 되어 살아야 했다.

2. 자신을 아낌없이 내어주다, 심청 : 〈심청전〉

심청이 겪는 가난으로 인한 고난은 동냥하다가 박대 받는 장면에서 확연히 드러난다. 사실 심청이 동냥을 시작하는 시점은 이본에 따라 차이가 있지만 대개 6, 7세쯤으로 나오는데, 이렇게 어린 소녀가 밥을 얻으러 다니는 것 자체가 매우 불쌍한 광경이지만 어떤 경우에는 심지어 쫓겨나고 위험에 처하기도 한다.

(가) 잔병 없이 쉬이 자라 사오 세가 되었구나. 지팡이 한쪽 끝을 잡고 아비 앞을 인도하여 원근 마을 다니면서 조석이면 밥을 빌고 낮이면 전곡 동냥 (신재효본 <심청가>)

(나) 그 아이가 육칠 세가 되어가니 소경 아비 손길 잡고 앞에 서서 인도하고 십여 세가 되어가니 얼굴이 일색이오, 효행이 출천이라. 소견이 능통하고 재주가 월등하여 부친 전 조석 공양과 모친의 기제사를 지극히 공경하여 어름을 압두하니 누가 아니 칭찬하랴. 세상에 덧없는 것은 세월이오, 무정한 것은 가난이라. 심청이 나이 십일 세에 가세가 가련하고 노부가 궁병하니 어리고 약한 몸이 무엇을 의지하여 살리오.(박순호 70장본 <원본 심청전>)

(다) 이 집 저 집 밥을 빌며 문안에 들어가 주저주저 강주저하며 한 옆으로 빗겨 서서 다소곳이 머리를 숙이고 찬밥 한 술

이라도 달라 하니 사정없는 몹쓸 연은 효녀 심청을 몰라 보고 괄시가 자심하며 부지깽이로 쫓아내며

"염치없는 저 계집애야! 무슨 집구석이길래 네 애비 심 봉사도 조석으로 다니더니 너조차 이렇게나 밥 달라고 조르느냐? 듣기 싫고, 보기 싫다."

사정없이 쫓아내는데 염치없는 심청의 마음은 부끄럽기 측량 없고 서럽기도 그지없다. 목이 메어 돌아서며 도리없이 나오는데 잉재같이 모진 개는 대톱같이 모진 입을 옹동그려 펄쩍 뛰어 물라 하고 컹컹 짖고 달려드니 심청이 돌아서며

"없다, 이 개야! 짖지 말라! 너의 주인이 괄시한들 너조차 물려느냐?"

밖에 썩 나서며 한숨짓고 눈물을 흘릴 적에 샛별 같은 두 눈에서 소상강 빗발처럼 눈물 뚝뚝 흩뿌리니

(박순호 48장본 <동국 심청전>)

(가)의 신재효본 〈심청가〉에서는 심청이 4, 5세 되었을 때부터 아버지의 지팡이 끝을 잡고 앞을 인도하여 동냥을 함께 다녔다고 서술하여 인상적이다. 요즘 사회에서 4, 5세를 생각하면 너무나 어린 나이인데, 몇 백 년 전에는 그렇게 어린 나이가 아닌지도 모르겠다. 그러나 아무리 그래도 일반적인 인간 신체의 발달을 고려해 보면 어리디 어린 나이임에는 틀림없다. 그런 어린아이가 눈먼 아버지의 동냥 다

니는 것을 인도한다고 다니는 모습은 불쌍하다는 표현으로는 부족한 듯하다. 자신의 삶이 어느 정도 힘든 것인지 가늠하기도 어려운 나이에 심청은 고생을 하며 산 것이다.

(나)의 박순호 70장본에서는 심청이 눈먼 아버지를 인도하며 동냥을 다닌 나이가 6, 7세부터인 것으로 나와 신재효본보다는 비교적 더 성장했을 때로 나온다. 그렇다고 하여 이 이본에서의 심청이 상황이 더 낫다고 하기는 어려워 보인다. "무정한 것은 가난"이고, 심청은 "어리고 약한 몸"으로 무엇 하나 의지할 것 없는 외롭고 힘든 삶을 살아간다.

심청은 어머니가 집안에서 맡았던 역할을 어릴 때부터 감당했고, 성장하면서는 마치 자신의 어머니가 부지런히 살림을 한 것처럼 열심히 집안을 돌본다.

(다)에서 보여 주는 심청의 고난은 실로 잔혹하다. 이 이본에 나타나는 동냥의 정황은 다른 여느 이본에 비해 동네 사람들의 인심이 좋지 않아 심청의 고난이 더욱 심하게 느껴진다. 어린 소녀 심청이 주저주저하며 밥을 빌러 들어가는데, 몹쓸 그 집안의 여인은 괄시하며 쫓아낸다. 게다가 심청과 그 아버지 심 봉사를 싸잡아 비난한다. 심청은 효녀이고 칭찬받는 딸인데 찬밥 한 술 달라고 하는 심청에게 염치없다고 욕하는 것이다. 여기서 더 가혹하게 느껴지는 것은

모진 개가 대톱같이 모진 입으로 컹컹 짖으며 물려고 달려든 것이다. 얼마나 당황스럽고 야속할지, 심청이가 달려드는 개에게 쏟아내는 푸념에서 느껴진다.

이러한 심청의 고생은 다음에서 보듯 부친의 말로도 확인된다.

> "애고, 애고! 애달프도다, 너의 모친! 무상(無常)할사 나의 팔자야! 너로 하여금 밥을 빌어 먹고 산단 말인가? 애고, 애고! 모진 목숨 구차히 살아나서 자식 고생 시키는고"…(중략)…한 해 두 해 네다섯 해 지나가니 재질이 민첩하고 침선이 능란하니 동네 바느질을 공밥 먹지 아니하고 삯을 주면 받아 모아서 부친 의복과 찬수(饌需)하고 일 없는 날은 밥을 빌어 근근이 연명하여 가니(완판본)

심 봉사는 심청이 동냥을 해온 밥을 먹으며 죽고 없는 심청의 엄마를 떠올리고, 자신의 팔자를 탓한다. 모두 다 어린 딸로 하여금 밥 동냥이나 하여 겨우 먹고살게 하였기 때문이다. 이렇게라도 해야 고생하는 심청에게 덜 미안하다고 생각했을지 모른다.

심 봉사는 자신이 살아 있는 것이 자식 고생이라고 자신을 저주한다. 그것은 자신의 장애, 즉 앞 못 보는 것 때문에 딸을 고생시킨다고 생각했기 때문일 것이다. 그렇지만 심청은 심 봉사의 이런 자책을 위로하고, 열심히 일을 하여 아버지 봉양에 필요한 살림들을 마련하며 살아간다. 그럼에도 일이 있을 때나 여유가 생기고, 그렇지 못할 때에는 여전히 동냥하여 겨우겨우 연명하여 살아가는 고난을 겪는다.

그래도 이 정도로, 이렇게 해서라도 계속 살아나갔다면 심청이 감당해야 하는 가난이나 눈먼 아버지 봉양이 점점 더 익숙해지면서 나아졌을지 모른다. 왜냐하면 심청은 자신의 어머니처럼 침선에도 능하고, 부지런하며, 착한 효녀였기 때문이다. 그렇지만 심청이 스스로의 노력으로는 해결할 수 없는 경제적 문제를 만나게 된다. 그것은 바로 아버지 심 봉사의 공양미 약속 때문이다.

> '심학규 백미 삼백 석이라.' 적어 가지고 하직하고 간 연후에 심 봉사가 중을 보내고 다시금 생각하니
> '시주쌀 삼백 석을 변통할 길이 없어 복을 빌려다가 도리어 죄를 얻을 것이니 이 일을 어찌하겠는가.'
> 이 설움, 저 설움, 묵은 설움, 햇설움이 동무 지어 일어나니 견디지 못하여 울음 운다.
> "애고, 애고. 내 팔자야. 망령났구나, 내 일이야. 천심이 지극히 공평하시어 후박(厚薄)이 없건마는 무슨 일로 맹인이 되어

형세조차 간구(艱苟)하고, 일월같이 밝은 것을 분별할 길 전혀 없고 부인, 자식 같은 지극한 사이를 대하여도 못 보겠네. 우리 죽은 아내 살았다면 조석(朝夕) 근심 없을 것을 다 커가는 딸자식을 동네에 내놓아서 품을 팔고 밥을 빌어다가 근근이 호구하는 중에 공양미 삼백 석을 호기 있게 적어 놓고 백 가지로 생각한들 방책이 없구나. 빈 단지를 기울인들 한 되 곡식이 전혀 없고 장롱을 수탐한들 한 푼전이 왜 있으리. 일간두옥(一間斗屋) 팔자한들 풍우(風雨)를 피하지 못하거든 살 사람이 누가 있으리. 내 몸을 팔자 하니 푼전 싸지 아니하니 나라도 사지 아니하려거든"(완판본)

심 봉사의 공양미 삼백 석 시주 약속의 계기가 완판본 등에서는 심청이 장승상 댁에 다니러 갔다가 늦게 돌아오자, 청을 기다리던 심 봉사가 바깥에 나갔다가 개울에 빠진 것을 화주승이 구해 주면서 생긴 것이다. 어떠한 상황이었든지 간에 심 봉사는 화주승이 공양미 삼백 석을 바치고 지성으로 공경하면 "정녕 눈을 뜬다."라고 한 말을 철석같이 믿었기 때문이다. 앞을 못 보는 장애를 가진 심 봉사로서는 눈을 고칠 수 있다는 방법을 알게 되었을 때 어떻게든 시도해 보고 싶었을 것이다. 그러한 욕망이 얼마나 컸던지 화주승이 심 봉사의 처지를 보고 가능한 일인지 확인했을 때에도 오히려 큰소리치며 기부책에 기록하도록 한다.

"여보시오! 어느 소아들놈이 부처님께 적어 놓고 빈말하겠소? 눈 뜨려다가 앉은뱅이 되게요? 사람만 업신여기는고? 염려 말고 적으시오."

이렇게 심 봉사는 화주승의 걱정을 오히려 비방하며 공양미 약속을 염려 말고 적으라고 한다. 그러고서는 화주승이 가고 나자 후회와 걱정에 휩싸여 울음을 터뜨리고 만다. 위에서 심 봉사가 자책하는 말에서 볼 수 있듯이, 이 삼백 석 약속은 어처구니 없을 정도의 황당하게 큰 것이어서 현실적으로 도저히 해결할 수 없는 것이다. 백방으로 고민해도 방책이 나오지 않는 큰돈인 것이다. 집을 팔자 해도 아무도 살 집이 아니고, 집 안에는 곡식 한 되도 없으니 무슨 수로 쌀 삼백 석을 구하겠는가.

이러한 상황이 단지 심 봉사의 문제라고 생각한다면 심청과 상관없는 일이라 할지도 모른다. 그렇지만, 지금껏 심청이 살아온 과정에서 볼 수 있듯이, 심청의 고난은 모두 아버지와 관련된 것이라 할 수 있다. 다시 말해 심청이가 고생한 것은 어린아이임에도 스스로 먹을 것을 구해야 했을 뿐아니라 앞을 보지 못하는 아버지의 끼니를 해결하기 위한 것이었다. 심청이 감당해야 했던 가난은 심청이 자초한 것이 아니라 어머니의 부재로부터 시작된 것이었으며, 아버지 심 봉사가 시각 장애를 가졌기 때문인 것이다. 그래서 심 봉사의 공양미 삼백 석 시주 약속이 가져온 파장은 오롯이 심청이 해결해야 할 짐이 된다. 이렇게 심청이 고난을 겪은 것은 자신의 인생을 위해서나 어떤 목적을 위한 선택 혹은 행위에 의해서라기보다는 부모의 문제나 가난과 같은 이미 결정되고 주어진 환경 때문이라 할 수 있다.

심청은 어떻게 고난을 극복했을까?

➢ 원망하지 않는 긍정적 마음

심청의 고난에 대해 살펴보면서 알 수 있었듯이, 심청의 고난은 자신이 아닌 부모로 인한 것이다. 심청은 태어날 때 간절히 원하여 얻은 귀한 자식이었기에 부모의 사랑 속에서 편안히 잘 성장하는 것이 당연할지 모른다. 그렇지만 막상 심청은 태어난 지 얼마 되지도 않아 어머니와 영영 이별하였기에 갓난아기에게 절실한 젖도 제대로 먹을 수가 없었다. 그래서 동네의 다른 여인들이 베푸는 동냥젖으로 겨우 살아야 했다. 게다가 심청의 부친, 심 봉사는 눈이 멀어 앞을 볼 수 없었기에 어린 나이에도 동냥을 다녀야 했다.

뿐만 아니다. 심청이 성장하여 자신의 어머니처럼 열심

히 살림을 살아 조석 식사를 마련하고 아버지의 옷가지도 갖출 수 있었지만, 심 봉사는 눈을 뜰 수 있다는 한 가지 희망에 공양미 삼백 석이라는 엄청난 약속을 하고 만다. 심청은 걸음마를 떼고 사람들과 의사소통할 만한 나이, 대략 대여섯 살 이후부터 아버지 대신 동냥을 하고, 이후로 성장하여서는 음식 마련이나 생계를 위한 일을 하여 아버지를 봉양하였는데, 아버지는 이렇게 자기의 눈을 띄우고자 하는 마음이 앞서 그 비방으로 삼백 석 공양을 약속하였으니, 심청의 입장에서는 실로 절망적이었을 것 같다.

그런데 심청은 자신의 가난한 상황이나 어머니 없이 자라는 설움, 아버지의 장애를 감당해야 하는 어려움을 원망하지 않는다. 심청은 오히려 이러한 상황을 아무렇지도 않게 받아들이고 자신이 무엇을 해야 할지 스스로 찾아 최선을 다한다.

> (가) 어느덧 육칠 세라. 얼굴이 국색이요, 인사가 민첩하고 효행이 출천하고, 소견이 탁월하고 인자함이 기린이라. 부친의 조석공양(朝夕供養)과 모친의 제사를 규례에 따라 할 줄을 아니 어느 누가 칭찬하지 않겠는가.
> 하루는 부친께 여쭈되,
> "미물 짐승 까마키도 공림(空林) 저문 날에 반포(反哺)할 줄

을 아니 하물며 사람이 미물만 못하겠습니까? 아버지 눈 어두우신데 밥 빌러 가시다가 높은 데, 깊은 데와 좁은 길로 천방지방(天方地方) 다니다가 엎드러져 상하기 쉽고 만일 날 궂은 날 비바람 불고 서리친 날 추위 병이 나실까 주야로 염려하오니 내 나이 칠팔 세라. 아이 낳고 길러주신 부모 은덕 이제 봉행하지 못하면 일후 불행하신 날에 애통한들 갚사오리이까? 오늘부터 아버지는 집이나 지키시면 내가 나서서 밥을 빌어다가 조석 근심 덜게 하오리다."(완판본)

(나) 그렁저렁 지내어서 일곱 살이 되니 심청이 부친 전에 여쭈되
"아버님 늙으시고 안총(眼聰)이 부족하니 집에 앉아 계시오면 나 혼자 밥을 빌어 봉양을 하오리다."(신재효본)

(다) 청이 점점 자라매 부친의 주림을 슬퍼하여 동네로 다니면서 빌어다가 조석을 공양하니 그 잔잉함을 저마다 가련히 여겨 주기를 아끼지 아니하더라.(경판본)

심청의 어머니가 죽고 나자, 눈먼 심 봉사가 홀로 젖동냥과 음식 구걸로 생계를 이어가게 된다. 완판본 〈심청전〉과 같은 경우, 심청이 태어나기 전부터 곽씨 부인 죽음 이후까지 구체적인 서술이 이루어지고 있어서, 심 봉사가 홀로 어린

심청을 위해 젖동냥하며 겪는 고생을 확인할 수 있다. 이런 어려움을 어떻게 알게 되었는지, 어린 심청은 아버지에게 동냥을 자청한다.

(가)의 완판본에서는 심청이 6, 7세 되었을 때 아름다운 얼굴과 훌륭한 행실로 칭찬받을 정도로 잘 자랐음이 서술되고, 심청이 동냥을 자청하는 장면이 이어진다. 심청이 아버지를 대신하여 동냥을 하겠다고 나서는 나이는 7, 8세이다. 심청은 아버지가 눈이 어두워 다니시다 다치거나 병이 날까 걱정하고, 낳고 길러주신 부모의 은혜를 갚기 위해 자신이 밥을 얻어 오겠다고 한다. 이러한 심청의 말에서 부모에 대한 원망을 찾아볼 수 없다. 왜 이렇게 가난한 집안에서 태어났나, 왜 동냥을 하지 않으면 살 수 없는 상황이냐, 부모님은 나를 기르기 위해 무엇을 했나 등 동네 걸인으로 살아야 하는 자식으로서 던질 수 있는 원망이나 비방을 하지 않는다. 오로지 아버지의 위험과 건강을 염려하고, 혹여 아버지가 불행하게 되어 은혜를 갚지 못할 것을 생각한다.

(나)의 신재효본에서는 심청이 일곱 살 때 부친이 늙고, 앞을 보지 못하니 자신이 봉양하겠다고 한다. 완판본에서만큼 구체적으로 이유를 제시하지는 않지만, 부친 상황을 고려하여 자신이 밥을 얻으러 가겠다고 한 점에서 크게 다르

지 않다.

(다)의 경판본에서는 심청이 동냥을 시작한 나이나 구체적 정황이 제시되지 않고, 심청이 구걸하여 조석으로 공양하여 주변 사람들이 아끼지 않고 도와주었다고 서술된다.

이러한 심청의 원망하지 않는 긍정적 태도는 다른 고난의 상황에서도 확인할 수 있다. 먼저 공양미 삼백 석 시주 약속 후 심청이 심 봉사에게 말하는 상황을 보기로 하자. 다양한 이본들에서 상세한 서술의 양상은 차이가 보이기도 하지만 대체로 심청은 심 봉사를 지지, 위로하며 공양미 삼백 석 구할 방도를 모색한다.

> (가) 심청이 반겨 듣고 부친을 위로하되
> "아버지, 걱정 마시고 진지나 잡수시요, 후회하면 진심이 못되옵니다. 아버지 어두운 눈을 떠서 천지 만물을 볼 양이면 공양미 삼백 석을 아무쪼록 준비하여 몽운사로 올리리다."
> "네 아무리 한들 백척간두(百尺竿頭)에 할 수가 있을쏘냐?"
> 심청이 여쭈되
> "왕상은 얼음 두드려서 얼음 구멍에서 잉어를 얻고, 곽거라 하는 사람은 부모 반찬하여 놓으면 제 자식이 상머리에서 먹는다고 산 채 묻으려 할 때, 금항아리를 얻어다가 부모 봉양 하여쓰니 사친지효(事親之孝)가 옛사람만 못하나 지성이면 감천이라 하오니 공양미는 자연히 얻사오리다. 깊이 근심 마옵소

서."(완판본)

(나) 청이 청파에 위로 왈
"부친은 슬퍼 마소서. 정성이 지극하면 감천이라 하오니 부친의 정성이 여차하사 시주코자 하시매 부처의 도우심이 있으리니 심려를 허비치 마소서."
하고 즉시 석반을 갖추어 권한대 공이 먹지 아니하고 다만 길이 탄식하여 눈물이 이어지니 청이 민망히 여겨 온화한 말씀으로 위로하여 가로되
"천지 비록 높으시나 살피심이 소소하시니 부신 징싱을 친지 일월이 감동하실 것이니 과히 번뇌치 마소서."
하고 백단 위로하나 진실로 난처한지라.(경판본)

〈심청전〉의 줄거리로만 보면 심 봉사가 본인의 개안(開眼) 욕망 때문에 시주 약속을 할 때나 시주 실행에 대해 아무런 고민이 없었다고 생각하기 쉽다. 그렇지만 실제 〈심청전〉 이본에 따라서는 이 장면의 서술에서 심 봉사가 내적으로 갈등하며 처절한 심경으로 괴로워함을 잘 보여 준다.

(가)의 완판본을 보면, 심청이 심 봉사의 공양미 삼백 석 시주 약속을 듣고서 "반겨" 들었다고 한다. 이는 삼백 석에 대한 고민보다 아버지의 개안 가능성에 더 초점을 두고 반응하였기 때문일 것이다. 그리고 심청은 심 봉사에게 걱정

말라고 하고, 후회하지 말라고 하며, 눈을 뜰 수 있다면 공양미 삼백 석이 문제겠냐고 한다. 이 장면에서 심 봉사와 심청의 태도는 매우 상반된다.

덜컥 삼백 석 시주를 약속하고 난 심 봉사는 화주승이 가고 난 뒤 공포에 가까운 걱정에 싸인다. 이는 걱정하지 마시라고 하며 삼백 석을 준비하여 올리겠다고 하는 심청의 말에 "백척간두"에 있는 것과 같아서 할 수 없을 것이라고 대답하는 데에서 알 수 있다. 심 봉사가 시주 약속을 하기는 하였으나, 자신이 생각해도 현실적으로 도저히 실행할 수 없는 약속인 것이다. 그렇지만 심청은 이에 대해 예로부터 전해지는 효성 이야기를 거론하며 "지성이면 감천"이니 공양미는 자연히 얻을 것이라고 확신하고, "깊이 근심하지 말라"고 한다.

이러한 심청의 태도가 절대적으로 해결할 수 없어 보이는 문제, 고난 상황을 극복할 수 있게 한 힘이라고 할 수 있다. 이는 단적으로 말하자면, 스스로 해결할 수 없는 엄청난 문제 앞에서 절망하거나 원망하는 것이 아니라 긍정적으로 전망하며, 그런 긍정적 결말을 믿는 것이다. 심청이 지닌 긍정적 마음은 과학적, 논리적 근거가 없어도 지성이면 감천이라는 믿음을, 그리고 결국 공양미를 마련할 수 있을 것이라는 전망을 하는 것이다.
 (나)의 경판본에서는 심청의 긍정적인 마음이 완판본과는 다른 방식으로 발현된다. 완판본에서는 심청이 모든 것이 잘될 것이라는 절대적 믿음으로 긍정성이 나타났다면, 경판본에서는 부친의 정성에 대한 긍정적 태도로 드러난다. 위에서 보듯이 경판본에서 심청은 완판본에서처럼 "지성이면 감천"이라 하면서도 부처님이 도우실 것이라 하는 부분이 약간 다르고, 부친이 정성을 다하면 천지 일월이 감동하여 들어주실 것이라 한다. 그런데 이러한 서술에서 의미가 모호한 부분이 있는데 그것은, 부처님이 도와주시거나 천지 일월이 들어주시는 것이 무엇인가 하는 것이다. 심 봉사가 눈을 뜨는 것인지, 공양미 삼백 석을 구하는 것인지가 분명하지 않다.
 어떠한 의미이든지 간에 심청이 이 일에 대해 긍정적 마음을 갖고 있다는 것은 확실하다. 그렇다고 하여 심청이 일말의 의심이나 걱정이 없는 것은 아니다. 심청은 아버지의 걱정에 대해 염려할 것이 없다고 온갖 말로 위로를 하였지만, 난처하게 되었다고 생각한 것이다.
 심청의 이러한 긍정적인 마음은 공양미 삼백 석을 구하기 위해 올리는 기도에서 잘 드러난다. 심청과 심 봉사의 형편에 공양미 삼백 석은 얼토당토아니한, 도저히 구할 수 없는 것이었지만, 심청은 구할 수 있으리라 생각하고 기도한다.

(가) 그날부터 목욕재계 전조단발(剪爪斷髮)하며 집을 소쇄하며 후원에 단을 쌓아 북두칠성 행야반에 만뢰구적한데 등불을 밝혀 쓰고 정화수 한 그릇 시북향하여 비는 말이

"간지 모월 모일에 심청은 근고우 재배하노니 천지 일월성신이며 황천후토, 산령, 성황, 오방강시, 하백이며, 제일의 석가여래, 삼금강, 칠보살, 팔부신장, 시왕성군, 강림도령 수차 공양하옵소서. 하느님이 일월 둠이 사람의 안목이라. 일월이 없사오면 무슨 분별하오리까? 아비 무자생신 삼십 안에 안맹(眼盲)하여 시물(視物)을 못하오니 아비 허물을 내 몸으로 대신하옵고 아비 눈을 밝혀 주옵소서."

이렇듯이 빌기를 마지아니하니 하루는 들으니 (완판본)

(나) 삼경에 목욕재계하고 뜰에 내려 자리를 펴고 하늘을 우러러 빌어 가로되

"인간 심청은 폐맹(廢盲)한 아비를 위하여 죽기를 피치 아니하나니 이제 아비의 감은 눈을 뜨이게 발원하여 부처께 시주하려 하나 삼백 석 백미를 얻을 길 없어 도리어 부처를 속인 죄를 받게 되었사오니 천지신명은 살피소서."

하고 밤새도록 축원하고 방중으로 돌아와 능히 잠을 이루지 못하고 탄식 자탄하다가 홀연 졸더니 한 노승이 나아와 이르되

"내일 그대를 사자 하는 사람이 있을 것이니 팔려 죽을 곳을 가도 피치 말라. 네 효성을 하늘이 감동하사 죽을 곳에 자연 키한 일이 있으리라."

하고 문득 간데없거늘 깨달으니 남가일몽이라.(경판본)

문제를 바라보는 심청의 긍정적 마음은 신념화되어 믿음으로 표출되는 듯하다. 그러한 긍정적 마음, 믿음 때문인지 심청의 기도는 고난을 극복하는 방편이 되고 있다. 심청이 간절히 비는 기도는 이본에 따라 내용이 다르기는 하지만, 대체로 비슷하다.

(가)에서 심청은 공양미 삼백 석을 구해 달라고 하지 않고, 아버지의 눈을 밝혀 달라고 한다. 이는 아버지의 눈이 보이는 길이 공양미 삼백 석을 구하는 것밖에 없다고 믿었기 때문이라 할 수 있다. 그리고 "아비의 허물을 내 몸으로 대신"하겠다는 대단한 의지를 보인다. 아버지의 허물이라는 것이 어떤 것인지 말하지는 않았지만, 그 어떤 것이든 아버지를 위해서 자신을 내어놓겠다는 뜻이다.

(나)에서도 심청의 이러한 결연한 의지를 볼 수 있다. 여기서는 심청이 아비를 위하여 죽기를 피하지 않겠다고 한다. 죽음도 마다하지 않겠다고 하니 완판본에서 아비의 몸을 대신하겠다는 것보다 더욱 강하게 느껴지기도 한다. 그

리고 부처를 속인 죄를 저지르지 않도록 해 달라고 하여 쌀 삼백 석을 구하게 해 달라고 빈다. (나)에서는 특이하게도 꿈에 노승이 나타나 바로 기도에 응답한다. 내일 심청을 사려고 하는 사람이 나타날 것이니 팔려서 죽게 될지라도 피하지 말라는 것이다. 이는 완판본에 비해 심청의 인당수 투신이 이미 예정되어 있는 것으로 보이게 한다.

이렇게 심청은 자신이 겪어야 하는 고난에 대해 원망하거나 비난하지 않고, 다른 누구를 탓하지도 않으며 자신이 직접 짊어지려고 한다. 그리고 어떤 상황에서도 '할 수 있다', '가능하다'는 긍정적 마음으로 주어진 고난을 이겨내려고 한다.

➤ 용기와 행동

심청이 고난을 극복하는 방식은 용기와 행동이라는 점에서 찾아볼 수 있다. 심청은 자신이 선택한 결과가 아니라 주어진 상황으로 고난을 겪으면서도 뒷걸음질하며 도망치거나 포기하지 않는다. 심청은 불과 예닐곱의 어린아이임에도 부친을 대신하여 동냥하겠다고 하기도 하고, 도저히 구할 수 없는 쌀 삼백 석을 구할 수 있다고 아버지를 위로하며 기도를 올린다. 이러한 심청의 고난 극복 과정에서 용기와 실천력으로서의 행동을 생각해 볼 수 있다.

어린아이라도 동냥을 하기 위해서는 다른 사람의 집 대문을 두드리고 밥을 청하는 말도 할 수 있어야 한다는 점에서 용기와 행동이 필요하다. 동냥을 한다고 해서 항상 무엇인가를 얻을 수 있는 것은 아니기에 문전박대나 비난도 감수할 수 있어야 하는 것이다. 한번 박대를 당하고 난 뒤 다시 동냥을 하기 위해서는 박대 당하는 고통을 이겨내는 용기가 필요하다. 또한 공양미를 구하기 위한 기도에서는 자신의 몸으로 아버지를 대신하겠다고 하고, 죽음도 피하지 않겠다고 하였으니 심청이 얼마나 용감한지를 알 수 있다.

그런데 심청이 인당수행을 결정하고, 배를 타고 떠나서 인당수에 투신하기까지에는 더욱더 큰 용기가 필요하다. 사실 생각하기에 따라서는 인당수에 빠져 죽는 것이 두려워 계약을 파기할 수도 있고, 도망갈 수도 있었을 것이다. 그렇지만 심청은 담대히 그 길을 나아간다.

"당초에 말씀드리지 못한 것을 이제야 후회한들 어찌하겠습니까? 또한 부친을 위해 공을 빌 양이면 어찌 남의 명색 없는 재물을 빌 것이며, 백미 삼백 석을 도로 내어주면 선인들 일이 낭패이오니 그도 또한 어렵사옵고, 사람에게 몸을 허락하여 약속을 정한 후에 다시금 약속을 어기는 것은 소인의 간장이라. 그것은 쫓지 못하겠거니와 하물며 값을 받고 몇 달이 지난 뒤에 차마 어찌 낯을 들어 무슨 말을 하겠습니까? 부인의 하늘 같은 은혜와 착하신 말씀은 지부(地府)로 돌아가서 결초보은(結草報恩)하겠나이다."(완판본)

이 부분은 심청이 인당수에 가서 죽게 된 것을 뒤늦게 알게 된 장승상 댁 부인이 안타까워하며 삼백 석을 내어주겠으니 선인들에게 심청을 도로 돌려 달라고 하라는 제안에 대해 답한 말이다. 심청이 이런 제안을 고려했다면 현실적으로 인당수에 빠져 죽지 않아도 될 수 있었을지 모른다. 장승댁 부인이 주는 삼백 석으로 자신의 몸값을 되돌려주면 되기 때문이다. 그렇지만 심청은 자신이 반드시 인당수에 빠져야 하는 이유를 합리적으로 설명하며 거절한다.

가장 우선적으로는 아버지의 눈을 뜨게 하기 위해 공양하는 것이기 때문에 다른 사람의 명분 없는 재물로 대신할 수 없다는 이유이다. 그러하다. 지성이면 감천이라는 것도, 공양을 드리는 사람의 지극한 정성을 필요로 하는 것이기에 공양미를 자신이 마련해야 하는 것이다. 다음으로는 뱃사람들의 어려움에 대한 배려이다. 뱃사람들이 인당수에 빠질 사람을 다시 구해야 하는 낭패를 겪게 할 수 없다는 것이다. 심청이 드는 또 다른 이유는 약속의 무거움이다. 약속은 신뢰로 지켜야 하기 때문에, 이미 자신의 몸을 내어주기로 약속을 정했는데 다시 어기는 것은 매우 괴로운 일이라는 것이다. 아울러 공양미 삼백 석이라는 자신의 몸값을 이미 받았고, 심지어 몇 달이나 지난 일인데 이제 와서 어떻게 취소하겠는가 한다.

이러한 심청의 용기와 행동력은 인당수 투신 대목에서 볼 수 있다. 인당수의 제물로 몸을 판 심청은 그 약속을 지키기 위해 뱃전에서 뛰어내려야 한다. 심청이 인당수에 몸을 던지겠다고 약속을 했다 할지라도 막상 인당수로 떠나는 데에도 큰 용기가 필요했을 것이다. 그런데 인낭수에서 실제로 물 위에 뛰어내리는 행위에는 더욱 큰 용기가 필요하다.

    심청이 생각하되
    '죽은 지 수천 년의 영혼이 남아있어 사람의 눈에 보이니 이도 또한 키신이라. 나 죽을 징조로다.'
    슬피 탄식하되 …(중략)…
    뱃전에 탕탕 돛대도 와직끈 경각에 위태하니 도사공 영좌 이하로 황황 대겁하여 혼불부신하며 고사 기계를 차릴 적에, 섬 쌀로 밥을 짓고 동이 술에 큰 소 잡아 온 소다리, 온 소머리, 사지를 갈라 올려놓고, 큰 돼지 잡아 통째 삶아 큰 칼 꽂아 기는 듯이 받쳐 놓고 삼색 실과며 오색 탕수와 어동육서며 좌포우혜와 홍동백서를 방위 차려 고여 놓고 심청을 목욕시켜 소의 소복 정하게 입혀 상 머리에 앉힌 연후에 도사공의 거동 보소.
 북을 둥둥 치면서 고사할 제 …(중략)… 북을 두리둥 두리둥 치면서
 "심청은 시가 급하니 어서 바삐 물에 들라."
 심청이 거동 보소.
 두 손을 합장하고 일어나서 하나님 전에 비는 말이
 "비나이다. 비나이다. 하나님 전에 비나이다. 심청이 죽는 일은 추호라도 섧지 아니하여도 병신 부친의 깊은 한을 생전에 풀려 하옵고 이 죽음을 당하오니 명천은 감동하옵서 침침한 아비 눈을 명명하게 띄어 주옵소서."
 팔을 들어 소리치고
 "여러 선인 상고님네 평안히 가옵시고 억십만금 퇴를 내어 이 물가에 지나거든 나의 혼백 불러 물밥이나 주오."
 두 활개를 쩍 벌리고 뱃전에 나서보니 수쇄한 푸른 물은 월리렁 출렁 뒹굴어 너울 쳐 거품은 북적 쳐들어오는데 심청이 기가 막혀 뒤로 벌떡 주저앉아 뱃전을 다시금 잡고 기절하여 엎드린 모양은 차마 보지 못할러라. 심청이 다시 정신 차려 할 수 없어 일어나 온몸을 잔뜩 쓰고 치마폭을 무릅쓰고 총총걸음으로 물러섰다. 창해(滄海) 중에 몸을 주어
 "애고, 애고, 아버지! 나는 죽소."
 뱃전에 한 발이 주춤하며 거꾸로 풍덩 빠져놓으니 (완판본)

심청이 인당수로 가는 길에 죽은 여러 혼백들을 만난다.

그 무서움은 심청이 "나 죽을 징조로다."라고 한 부분에서 잘 드러난다. 죽으러 가는 길에 본 영혼들이기에 죽는 것은 이미 정해진 것이지만, 이들 영혼을 만나면서 자신이 확실히 죽는다는 것을 인식하고 슬픔과 공포를 느꼈을 것 같다. 그러니 그 길을 가는 것이나, 인당수에 가서 빠질 것이나 얼마나 큰 용기가 필요한 일일지 가늠하기도 힘들다. 이러한 심청의 어려운 상황은 이어지는 뱃전 제사와 심청의 투신 장면에서 극명하게 표현된다.

뱃전에 제사상을 차리고 제물이 될 심청을 복욕시켜 앉혀 놓았다고 했으니 그야말로 인신공양의 현장이다. 제사상에 올려진 심청의 마음을 생각하면 두려움과 죽음의 공포 그 자체였을 텐데, 심청은 그 와중에도 기도를 올린다. 자신이 지금 죽는 것은 추호도 서럽지 아니하고, 오로지 아버지의 시각 장애가 없어지기만 바라며 죽는다고 한다. 그리고 물에 뛰어드는데, 그 물이 얼마나 크고 사나운지 처음에는 심청이 뒤로 주저앉고 만다. 그 물에 대한 두려움을 없애보려 심청은 치마를 뒤집어쓰고 "거꾸로 풍덩" 빠지는 것이다.

이렇게 심청의 고난은 자신의 문제가 아닌 어머니의 부재와 아버지의 장애로 인한 것이었지만 용기 있게 헤쳐 나간다. 그런데 심청의 용기와 행동은 고난을 극복하기 위한 노력이지, 극복의 여부를 결정할 수는 없는 것이다. 다시 말해, 누구든 고난을 극복하기 위해 노력할 수는 있지만 그 결과가 반드시 좋은 것은 아닐 수 있는 것이다.

심청도 인당수 투신이라는 극한적 방안을 선택하여 감행하지만, 현실적으로 그 방법은 아버지의 장애는 해결할지 몰라도 자신의 생애는 끝나게 하는 비극적인 것이다. 〈심청전〉에서도 심청이 인당수에 뛰어드는 장면 뒤 "이때에 심낭자는 창해 중에 몸이 들어 죽은 줄로 알았더니(완판본)"라고 하여 당연히 죽음으로 귀결될 일이 그렇지 않음을 보여준다.

그렇다면 심청이 시도한 고난 극복은 어떠한 결말에 이르는가? 완판본에서는 오색구름이 영롱한데 신비로운 향기가 나면서 옥피리 소리 들리는 가운데 옥황상제의 명령에 따라 선녀들이 가마를 준비하였다가 용궁으로 데려간다. 경판본에서는 "이때 청이 물에 떨어지며 가라앉지 아니하고 이윽히 떠가더니" 하여 옥피리 부는 선녀들을 만나는 장면으로 연결된다.[7] 이렇게 심청의 고난 극복 의지와 노력의

---

7) 경판본의 서술에서는 흥미롭게도 용궁에 간 심청이 회생약을 먹고 정신을 차린 것으로 되어 있다.

청을 붙들어 배에 올리고 젖은 옷을 벗기며 한 벌 신의를 바꾸어 입히고 옥

2. 자신을 아낌없이 내어주다, 심청 : 〈심청전〉 73

결과는 옥황상제의 명에 따라 새로운 생명, 삶을 얻는 행복한 결말로 주어진다. 구체적인 심청의 행복한 삶은 환세 이후 심청의 황후 등극과 심 봉사의 개안으로 나타난다.

그런데 특이하게도 이 부분을 매우 현실적인 서사로 바꾸어 심청이 용궁 가는 부분은 꿈을 꾼 것이라 하고, 심 봉사의 개안도 이루어지지 않는 이본도 있어 흥미롭다.

> 사해용왕이니 옥황상제니 하는 것은 옛날 어리석은 나라 사람들의 거짓말로 꾸며낸 전설에 불과하니 옥황이 어디 있으며 용궁이 어디 있으리오. 이것은 심청이가 상시에 풍속의 전하는 허탄한 말을 듣고 바다에 빠지기 전에 혼자 생각으로
> '내가 죽으면 용궁으로 들어가 용궁의 좋은 구경을 실컷 하리라.'
> 생각을 한 고로 꿈이 된 것이오. 꿈이라 하는 것은 혼이 제 생각대로 되는 법이라. 그때 심청은 배 위에서 뛰어내려 만경창파 해수 중에 종적 없이 되었으니 없는 용궁을 언제 가며 이미 죽은 몸에 꿈인들 어디서 생겼으리요? 이것은 참 이상한 일이라.
> 그러나 특별히 이상할 것도 없고 못될 일도 아니라. 마침 심청이 떨어지던 물 위에 큰 배 밑창 하나가 떠 놀다가 심청의

호에 회생약을 따라 먹이니 이윽하여 청이 눈을 떠보니 자기 일신이 편한 곳에 누었고(경판본)

몸이 그 위에 가 걸린 것이라. …(중략)… 시냇가에서 심 봉사의 우는 양을 보고 그 곡절을 물어보니 심 봉사가 전후사연을 고하였더라.

병사가 교자에서 내려서 관례(官隷)로 하여금 바삐 준비하여 가지고 오던 금의를 내어 입히고 심 소저의 왕후 간택된 사연을 자세히 고하고 즉시 사인교를 태워 황주성으로 들어와 경성으로 호송하여 부녀가 상봉하니 그 반갑고 기쁘고 쾌락한 형용은 다 말할 수가 없더라.

소저가 확실히 왕후가 되어 부귀영화가 비할 데 없으매 그 부친의 눈 어두운 정경을 생각하여 팔도에 영을 내려 맹인잔치를 베풀었고 심 봉사는 다시 현숙한 부인에게 속현을 하여 만년에 또한 심 소저같이 효성 있고 현철한 자손을 두어 부귀공명이 대대로 끊어지지 아니하더라.(<몽금도전>)

위에서 볼 수 있듯이, <몽금도전>에서는 심청이 용궁을 가서 용왕을 만나고 옥황상제의 명을 받고 한 이야기들은 심청이 혼자 생각을 많이 하여 꿈으로 꾼 것이라 한다. 대신 심청이 바다에 빠졌어도 살아날 수 있었던 것은 큰 배 밑창에 몸이 걸렸기 때문이라 한다. 이러한 방식으로 서사가 전개되기 때문에 심 봉사는 눈을 뜰 기회가 없다. 심청이 왕후가 되어 보낸 전령을 심 봉사가 만남으로써 심청과 심 봉사는 반갑게 상봉하는 것으로 종결된다. <몽금도전>에서는 이러한 서사 변개가 일어나긴 하였지만 심청이 고난을 극복하여 행복한 결말을 맞이한다는 점에서는 다른 이본과 공통적이라 할 수 있다.

그런데 이러한 심청의 고난 극복 노력과 함께 심청이 맞이한 행복한 결말이 과연 심청 자신만의 노력과 능력으로 이루어진 것인지 생각해 볼 필요가 있다. 어떻게 보면 고전소설 〈심청전〉의 전체적인 이야기에서 심청이 맞은 좋은 결말은 매우 비현실적으로 보여서 단지 허구일 뿐이라 여길 수도 있다. 갓난아기 심청이 눈먼 아버지 밑에서도 건강하게 잘 자란 것이나 인당수 험한 바다에 빠지고서도 살아난 그 모든 기적 같은 일들이 천상계의 개입으로 일어나기 때문이다.

> 심청이는 장래에 키히 될 사람이라. 천지 키신이 도와주고 제불 보살이 음조하여 잔병 없이 자라나 제 발로 걸어 어린 시절을 지내고 무정한 세월은 흐르는 물과 같이 흘러.(완판본)

위에서 보듯, 심청이 비록 동냥젖으로 연명하며 살았지만, 장래에 귀하게 될 사람이기 때문에 천지의 귀신, 여러 부처, 보살 등 초월계의 존재들이 도와주었고 잘 자랐다는 것이다. 이는 심청이 인당수에 빠졌을 때 옥황상제가 명령을 내려 사해용왕 등 용궁의 인물들로 하여금 심청을 구해내는 것과도 비슷한 맥락이다. 심청의 삶이 천상계와 관련이 있는 것은 심청의 탄생에서부터 나타난다. 다름이 아니라 태몽에서 선녀가 나타나 옥황상제의 내치심으로 인해 심봉사 부부의 집에 태어나게 되었다고 하기 때문이다.

그렇지만 〈심청전〉의 서사를 현실과 동떨어진 이야기로만 생각할 것은 아니다. 기존의 연구에서도 심청이 겪는 가난이라든지 공양미 삼백 석을 구하기 위해 자신의 몸을 파는 인신 공양에 대해서 현실 반영적 서사라고 평가한 바가 있다. 다시 말해, 심청이 인당수에 빠져 살아난 이후의 서사는 현실에서 있기 어려운 것이지만, 그 이전까지 서술된 심청의 이야기는 얼마든지 현실에서 보거나 겪을 수 있는 것이다.

이러한 현실 반영 성격이 강한 서사 부분에서 심청을 돕는 손길은 곳곳에 보인다. 그것은 바로 동네 사람들, 즉 공동체적 조력이다.

  (가) 이렇듯이 애통할 제 도화동 사람들이 남녀노소 없이 모여 낙루(落淚)하며 하는 말이
 "현철하던 곽씨 부인 불쌍히도 죽었구나. 우리 동네 백여 호라. 십시일반(十匙一飯)으로 감장이나 하여 주세."(완판본)

2. 자신을 아낌없이 내어주다, 심청 : 〈심청전〉 77

(나) "여보시요, 마누라님! 여보, 아씨님네! 이 자식 젖을 좀 먹여주오. 날로 본들 어찌하며 우리 마누라 살았을 때 인심으로 생각한들 차마 어찌 괄시하며 어미 없는 어린 것인들 어찌 아니 불쌍하오. 댁의 키하신 아기 먹이고 남은 젖 한 통 먹여주오."
하니 누가 아니 먹여주리.(완판본)

(다) "밥 한 술 덜 잡수시고 주시면 눈 어두운 나의 부친 시장을 면하겠소."
보고 듣는 사람들이 마음이 감격하여 그릇 밥, 김치, 장을 아끼지 않고 주며(완판본)

(라) "심 소저의 효성과 심 봉사의 일생 신세를 생각하여 봉사 굶지 않고 벗지 않게 한 재물을 꾸며주면 어떠하겠소?"
그 말이 옳다 하며 쌀 이백 석과 돈 삼백 양이며 백목, 마포 각 한 동씩 동중에 들여놓고 동네 사람 모아 구변하되
"이백 석 쌀과 삼백 양 돈을 근실한 사람에게 주어 도지 없이 성하게 길러 심 봉사를 공궤하되 삼백 석 중에 이십 석은 당연 양식하고 나머지는 연연이 흩어주어 장리(長利)로 취식하면 양식이 넉넉하고 백목, 마포는 사절 의복 장만하고 이 뜻으로 본관에 공문 내어 동중에 전하라."
구변을 다한 연후에 심 소저를 가자 할 제(완판본)

(가)는 곽씨 부인이 죽었을 때 동네 사람들이 함께 장례를 치러 주자고 하는 부분이다. 심 봉사에게 닥친 불행, 부인의 죽음을 함께 슬퍼하면서 '십시일반'으로 장례를 도와주자고 한다.

(나)는 심 봉사가 홀로 어린 아기를 안고 동네를 돌아다니며 젖동냥하는 부분이다. 눈먼 아버지가 갓난아기 먹일 젖을 찾아 구걸하니 "누가 아니 먹여주리"라 한다. 물론 자신의 아기에게 이미 젖을 먹였기 때문에 줄 수 없다고 하는 여인들도 있지만, 전반적으로 이렇게 도와주는 사람들이 있는 것이다.

(다)는 어린 소녀 심청이 아버지를 대신하여 동냥을 다니는 부분이다. 어린 소녀의 구걸에 대해 "보는 사람들이 마음이 감격하여", "아끼지 않고" 주었다고 했으니, 동네 사람들이 불쌍히 여기고 전폭적으로 도와주었다고 할 수 있다.

(라)는 심청이 인당수 투신을 약속하고 공양미 삼백 석을 올린 후 떠날 때에 그 안타까운 모습을 보고 뱃사람들이 돈과 양식을 더 내주는 부분이다. 뱃사람들이 약속한 쌀 외에 추가로 재물을 더 주는 것도 도움을 주는 것이다. 그런데 여기서 나아가 뱃사람들은 심 봉사가 그 재물을 관리하지 못할 것을 염려하여 동네 사람들에게 공식적으로 맡기며 운

영하도록 한다. 그래서 심 봉사가 온 동네의 도움으로 살아 갈 수 있게 한다.

   이렇게 (가)-(라)를 볼 때, 심청의 고난 극복이 가능할 수 있었던 데에는 옥황상제와 같은 초월계의 개입뿐만 아니라 동네 사람들의 공동체적 도움이 있었다고 할 것이다. 이러한 심청의 고난, 그리고 고난 극복 과정과 결과를 볼 때, 스스로의 긍정적 마음과 용기, 행동 등이 고난 극복을 가능하게 한 것이었지만 뿐만 아니라 심청에 대한 여러 도움도 고난 극복을 가능하게 한 요인이라 할 수 있다.

3.

아닌 건 아닌 것이다,
　　　　매화 : 〈매화전〉

⟨매화전⟩의 매화 이야기

⟨매화전⟩은 매화와 양유를 주인공으로 하여 만남과 이별, 혼인에 이르는 서사를 중심으로 전개한 작품이다. 이 작품의 성격에 대해 말하자면 여러 유형의 고전소설 특성이 복합적으로 나타난다고 할 수 있다.1) 애정소설로서의 성격이 강하지만 도교적 성격도 보이고, 가정소설, 판소리계 소설의 특성도 나타난다. 이는 ⟨매화전⟩이 그만큼 다양한 이야기로 이루어져 재미있게 읽을 수 있음을 말해 준다고도 할 수 있다.2) 이러한 복합적 성격은 ⟨매화전⟩이 고전소설의

---

1) "⟨매화전⟩은 내용과 문체상으로 보아 판소리계 소설과의 연관성과 판소리계 소설의 사설조의 영향을 받은 소설이라는 견해뿐만 아니라 신선(도술)소설, 군담소설, 가정소설 등으로 다루고 있다. 게다가 도사의 술법, 부모로부터의 버림인 기아, 계모의 모함, 정인과의 이합화소 등의 설화적 모티프를 들어 복합설화 형식으로 파악하기도 한다."(박광수, 『매화전 연구』, 충남대학교 출판부, 2002.)
2) "⟨매화전⟩이 보이는 대중소설적 전략은 기존의 다양한 고전소설 유형을 최대한 수용하고 인기 있었던 특정 소설과 유사한 구조를 갖추며 역사적 사실을 배경으로 도입하기도 함으로써 독자에게 친숙함과 익숙함을 주는 것이다. 이러한 대중성 확보의 방식은 익히 잘 알고 있는 기존 고전소설 작품이나 역사적 사실을 기반 지식으로 활용하여 독자가 ⟨매화전⟩을 더 쉽게 받아들일 수 있도록 하는 것이다. …(중략)… ⟨매화전⟩은 여성영웅소설에서 자주 나타나는 여성영웅의 남복 서사를 갖고 있지만 정작 영웅 이야기는 아니고, 판소리계 소설의 문체와 삽입가요, 장면극대화와 같은 요소를 갖고 있지만 판소리계 소설은 아니고, 김 주부를 중심으로 도

전개에서 비교적 후대에 형성된 작품임을 추측하게 한다. 그렇지만 〈매화전〉이 구체적으로 언제 어떻게 형성되었는지는 알 수 없다.

연구사적 측면에서 볼 때 〈매화전〉은 비교적 늦은 시기에 연구되기 시작되었다 할 수 있다.[3] 그것은 〈매화전〉이 발굴되고 소개된 것이 1976년경이기 때문이다.[4] 처음에 〈매화전〉이 소개될 때에는 실창 판소리 작품으로 간주되기도 하였으나 그것은 아님이 밝혀지기도 했다. 그렇지만, 〈매화전〉의 서술에서 판소리계 소설로서의 성격이 발견된다는 점에서 판소리의 영향을 받았다고는 할 수 있다.

〈매화전〉의 이본은 약 30여편으로 알려져 있는데, 모두

선소설의 성격을 드러내지만 도선소설은 아닌 것에서 볼 수 있듯이 기존 소설 유형을 일탈적으로 수용하고 있다. …(중략)… 또한 〈매화전〉은 계모형 가정소설의 구조를 갖고 있기는 하나 전형에서는 벗어나고 있다. 계모형 가정소설이라면 최씨가 양유를 구박하거나 쫓아내야 할 것인데, 매화를 자기 동생과 혼인시키려 하여 매화를 위기에 몰고, 양유에게는 이별의 슬픔을 겪게 하는 정도의 괴로움을 준다. 양유에게 직접적으로 위협하는 것이 아니라 매화를 설득하고, 압박하는 간접적인 방법을 사용한 것이다."(서유경, 「〈매화전〉의 대중소설적 성격 연구」, 『고전문학과 교육』 40, 한국고전문학교육학회, 2019.)
3) 서유경, 위의 글.
4) 정병욱, 「〈매화전〉-또 하나의 판소리계 소설-해제」, 『韓國學報』 2권 4호, 일지사, 1976.

필사본이다. 그런데 작품 제목이 〈매화전〉이 아닌 이본도 있다. 예를 들어 〈양유전이라〉인 경우도 있고, 〈유화양매록〉이나 〈매화양유전〉, 〈매유전〉인 경우도 있다. 이들 〈매화전〉의 이본들에서 서사 전개에 편차가 있기는 하지만 대개 유사하다. 〈매화전〉의 이본에 따라 가장 변별되는 점은 결말부이다.

> 이상 네 개의 계열로 이본군을 분류했으나 冒頭와 末尾의 내용에서 이본군간에 차이를 보이고 있을 뿐 중간의 서사내용 (上記 梗槪의 ③~⑫)은 거의 동일하다. 따라서 冒頭와 末尾의 내용이 異本系列의 기준이 된다. 전체 이본을 대조하는 것이 바람직하나 각각의 이본계열의 내용이 거의 동일함으로….5)

박광수는 〈매화전〉의 이본을 27종으로 정리하며, 4가지 계열로 분류하였다. 위에서 인용하였듯이, 〈매화전〉 이본들에서 가장 큰 차이를 보이는 부분이 결말의 서사이다. 여기에서는 국립한글박물관에 소장되어 있는 42장본 〈양유전이라〉를 중심으로 살펴보기로 하겠다.6) 국립한글박물관 소장본을 바탕으로 〈매화전〉의 대략적인 서사를 정리하면 다음

---

5) 박광수, 위의 글.
6) 번역은 '『매화전』(서유경, 박문사, 2018.)'에서 인용하도록 한다.

과 같다.

　　선조 대왕 시대에 경기도 장단골 연화동에 술법이 능통한 김 주부라 하는 사람이 있었다. 김 주부는 대대로 거족이었으나 벼슬에 뜻이 없어 진법책을 보며 지냈다. 김 주부는 나이 사십에 무남독녀 매화를 두었다.

　　어느 날 조정이 시기하여 김 주부가 술법만 한다고 하며 해하고자 군사를 보내 집을 뒤졌으나 없었다. 이때 주부와 그 부인은 황해도 구월산으로 가고, 매화는 남복하여 다른 동네에 버려진다. 부모와 이별한 매화는 어느 동네의 우물가에 앉아 있다가 조 병사의 시비 옥이를 만나 따라가게 된다. 이후 매화는 남자 행세를 하며 조 병사 댁에서 아들 양유와 함께 공부하며 지낸다.

　　매화는 양유와 함께 벗으로 지내지만, 양유가 매화에게 연정을 느끼게 되어 갈등이 생긴다. 그러던 어느 날 양유와 매화가 활터에서 활 쏘는 모습을 구경하다가 사람들이 매화에 대해 여자 같다고 하는 말을 듣고 마음 상해 한다. 그 후 산에 놀러 가 서로 글을 주고받다가 매화는 자신이 여자임을 고백하게 된다. 양유와 매화는 부모의 허락을 받기로 한다. 그때 마침 관상 보는 사람이 조 병사의 집에 와서 양유와 매화의 관상을 본다. 그는 매화가 여자라고 하고, 양유에게는 귀하게 될 상이지만 호식할 팔자라고 하고서는 간데없이 사라진다. 앉았던 자리에 봉서가 있었는데, 떼어 보니 양유와 매화가 부부가 되지 않으면 호식

할 것이라고 쓰여 있었다.

　조 병사는 매화가 여자라는 것을 알게 되자 매화를 양유와 떨어뜨려 내당에 거하게 하고, 양유와 혼인시키려고 한다. 그런데 양유의 계모인 조 병사의 부인 최씨는 매화를 양유가 아닌 자기 동생과 혼인시키려고 흉계를 꾸민다. 그래서 매화의 근본을 문제 삼으며 그 아버지와 집안에 대해 조사해 보아야 한다고 한다. 조 병사는 부인 최씨의 제안대로 장단골에 가서 매화의 집안에 대해 알아보려고 하는데, 최씨는 미리 사람을 사서 장단골에 보내어 매화가 천한 신분이고 그 부친은 도적질하고 도망간 사람이라고 거짓말하게 한다. 매화에 대한 거짓 정보를 사실로 생각한 조 병사는 매화와 양유를 보지 못하게 하고 최씨는 매화를 자신의 동생과 강제로 혼인시키려 한다. 결국 매화는 조 병사의 집에서 나오게 된다.

　양유와 이별한 매화는 산중에 홀로 가다가 매화를 잡으려고 뒤쫓아 오는 최씨 동생에게 몰려 잡힐 위기에 처한다. 쫓기다가 산과 물에 막힌 매화가 물에 뛰어들려고 하는데, 이때 김 주부가 매화가 위기에 처한 것을 알고 술법으로 매화를 구한다. 김 주부는 매화를 자신과 부인이 지내는 산속의 거처로 데려간다. 매화는 모친과 다시 만나 그간에 있었던 이야기를 하며 즐겁게 지낸다.

　한편 매화와 이별하고 난 뒤 양유는 다른 혼처를 정하여 혼인을 하게 된다. 그런데 양유의 혼인날 김 주부가 호랑이를 보내어 구월산에 잡아오게 한다. 매화와 양유는 다시 만나 혼인하여 행복하게 지낸다. 그렇지만 조 병사는 자신의 아들을 찾기 위해 만방으로 뒤지지만 못찾는다. 이때 김 주부가 조 병사를 찾아가, 자신의 딸이 매화임을 말하고 함께 구월산으로 가서 지낸다. 그렇게 신선같이 세월을 보내다가 조 병사가 돌아가려고 하자 김 주부가 국난이 일어날 것을 말한다. 임진왜란이 일어나자 김 주부가 신장을 불러 지키도록 하고, 구월산에서 피하여 있다가 난이 평정된 후 양유는 출세하여 재상이 된다.

이러한 〈매화전〉의 서사 전개에 대해 전성택은[7] 기, 승, 전, 결 구성이 고전소설의 일반적 구성이라 보고 이 구성의 단계별 모티프를 분석하여 제시하였다.

"古代小說의 普遍的인 構成은, 一般的으로 起(出生), 承(苦行・結緣), 전(回運・出世), 結(幸福)로 構成되어 있다. 그리고 艶情類小說의 一般的인 構成은 出生→成長→結緣→離別→受難→再會로 構成되어 있으나, 本傳의 構成은 出生, 成長・苦行, 離別, 結緣・再會로 構成되어 있다. 古代小說에 있어서 主人公의 一代記를 敍述한 플롯이 스토리의 展開上 필수적인 부분과 부수적인 부분이 있게 마련이지만 本傳에서는 매화와 양

---

7) 전성택, 「梅花傳硏究: 高大本을 中心으로」, 『論文集』 24, 春川敎育大學, 1984.

유의 結緣을 中心으로, 계모 최씨의 간계, 김 주부의 도술 등이 필수적인 부분이고 餘他의 부분은 부수적인 부분으로 構成되어 있다.

本傳의 構成構造의 모티브를 分析하여 보면,
起段에 序頭(出生) : 父母와의 離別
承段에 成長·苦行 : 양유와의 相逢, 繼母의 奸計
轉段에 離別(양유와의 離別) : 김 주부의 道術과 豫言
結段에 結緣·再會로 構成되어 있다."

이에 의하면 〈매화전〉은 매화가 맺는 관계를 중심으로 서사가 전개된다고 할 수 있다. 그 한 축은 부모와의 이별과 재회이며, 다른 한 축은 양유와의 만남과 이별, 그리고 결연이다. 그리고 이 서사의 전개 과정에 다양한 모티프가 포함되어 흥미를 더하고 있고 할 수 있다.

한편 안희라는 〈매화전〉의 구성 단계를 출생, 결연, 이별, 재회, 부귀영화로 나누어 다음과 같이 정리하고, 매화와 양유의 일생을 행운과 고난의 순환으로 분석하였다.[8]

---

8) 안희라, 「〈매화전〉 연구」, 한국교원대학교 대학원 석사학위 논문, 2005. 여기에 제시한 부분은 이 논문에서 발췌하면서 표로 다시 정리했음을 밝히는 바이다.

▷ 〈매화전〉의 구성 단계

매화의 출생	출생
매화의 기아(棄兒), 매화와 양유의 만남	결연
매화에 대한 계모의 모함, 매화의 출가	이별
매화와 양유의 재회, 결혼	재회
양유는 한림학사, 매화는 정렬부인이 됨	부귀영화

▷ 매화의 일생

	서사 내용	
1	김학의 딸로 태어났다.	행운1
2	과부가 될 팔자를 없애기 위해 부모와 헤어져 떠돌아다녔다.	고난1
3	조병화의 종에게 구원되어 양유와 함께 공부하였다.	행운2
4	양유에게 사랑을 느끼나, 남장을 한 자신의 모습 때문에 말하지 못했다.	고난2
5	양유에게 여자임을 고백하고, 백년가약을 맺었다.	행운3
6	계모의 모함으로 인해서 파혼을 당하고 쫓겨났다.	고난3
7	김학에게 구원되어 구월산에서 지낸다.	행운4
8	양유에 대한 그리움으로 우울해 한다.	고난4
9	양유와 재회하고 결혼 후 정렬부인이 된다.	행운5

위의 분석에서는 〈매화전〉의 순차적 서사 전개를 주요 사건을 기준으로 분절하여 구조화하여 분석하였다고 할 수

있다. 〈매화전〉의 구성 단계는 매화의 일생에 따라 출생, 만남, 가출, 혼인, 결말로 나누었다. 그리고 이러한 매화의 일생을 행운과 고난의 순환 구조로 볼 수 있다고 하였다.

이렇게 선행 연구에서 이루어진 〈매화전〉의 서사에 대한 분석에서 주목되는 점은 매화가 겪는 고난이라 할 수 있다. 그리고 매화에게 닥친 고난을 매화가 극복해 나가는 서사 전개가 소설을 읽는 독자에게 재미를 준다. 정리하자면, 〈매화전〉은 매화의 기구한 일생에서 사랑하는 사람을 만나고 마침내 혼인에 이르는 이야기가 여러 흥미로운 모티프와 함께 펼쳐지고 있어 대중적인 인기를 얻을 만한 작품이라 할 수 있다. 이제 매화의 고난을 중심으로 살펴보도록 하자.

매화는 어떤 고난을 겪었을까?

➢ 홀로 버려져 남자로 살다

매화가 겪는 고난은 부모와 이별하면서 시작된다. 〈매화전〉의 서두에서 매화의 아버지 김 주부에 대한 소개가 서술되고, 정치적 문제로 김 주부가 해를 입을 상황이 되어 온 집안이 어디론가 떠나면서 매화는 버려진다. 그런데 이 장면에서는 매화가 왜 버려지는지 그 이유가 제시되지는 않는다.

이때는 선조 대왕 시절이라. 경기도 장단골 연화동에 김 주부라 하는 사람이 있으되, 대대로 공후 거족이었으나 벼슬에 뜻이 없어 진법 책을 대하며 세월을 보내는지라. 나이 사십에 무남독녀 하나를 두었는데 이름을 매화라 하는지라. 매화가 점점 자라나매 인물이 비범하여 연연한 그 태도는 천상 선녀가 하강한 듯하되 김 주부가 한 술법을 공부할 제, 천문지리와 육도삼략을 통달하여 풍운을 임의로 하고 조화무궁한지라. 이러하므로 조정이 다 시기하여 항상 주부를 해하고자 하더니, 하루는 들으시고 말씀하시기를

"주부가 벼슬에 뜻이 없고 술법만 한다 하니, 만약 그저 두면 양호유환(養虎遺患)이 될 것이라."

하시고 즉시 잡아오라 하신대 금부도사가 명령을 받들어 물러가 군사로 하여금 주부의 집을 에워싸게 하고 뒤져 보니 집이 비었는지라. 도사가 낙담하고 돌아오고자 하니

위에서 보듯이 〈매화전〉에서는 시대적 배경이 선조 때로 명시되어 있다. 그리고 김 주부라는 인사에 대해 소개하는데, 그 정체성이 특이하다. 대대로 공후거족이었지만 김 주부는 진법 책을 보며 세월을 보냈다고 하니, 유가적 양반이라기보다는 도인의 형상으로 보인다. 김 주부가 가진 능력도 글을 잘 쓴다든가 하는 문사적 재질이 아니라 천문지리

와 육도삼략을 통달하여 비바람을 마음대로 다스리는 조화를 부리는 도술로 설명된다. 이러한 김 주부의 인물 형상은 〈매화전〉에서 초월계의 개입과 관련이 깊다.

그런데 관직 생활을 하지 않는 김 주부에 대해 그가 가진 능력이 너무 대단하여 위험하다고 하며 잡아들이려 한다. 그래서 김 주부는 아내와 딸을 데리고 집에서 떠난 것이다. 김 주부와 가족이 집을 떠난 장면을 보면 구름 속으로 올라간 것으로 제시되어 신비롭다.

> 문득 음풍이 일어나며 공중으로부터 옥저(玉笛) 소리가 나거늘 실로 괴이하여 옥저 소리 나는 곳을 바라보니, 주부는 범을 타고, 그 부인은 학을 타고, 그 여식 매화는 남복을 입고 오색구름 속으로부터 오더니 인하여 간 데 없거늘 …(중략)… 이때 김 주부는 풍운에 쌓여 황해도 구월산을 찾아 들어갈 새 부인이 물어 말하기를
> "매화는 어찌 따라오지 아니하나이까?"
> 한대 주부가 대답하여 말하기를
> "매화는 다른 데로 보내었나이다."
> 한대, 부인이 대경실색하여 말하기를
> "우리는 무남독녀와 이별하고 어찌 살며, 또한 저는 부모와 이별하고 어디 가 의탁하리오?"
> 한대, 주부가 말하기를

"매화는 남복을 입혀 아무 데로 보냈으니 부인은 추호도 걱정하지 마옵소서. 이후로 만날 날이 있으리다."
하고 심산궁곡에 집을 짓고 산중처사가 되어 동자를 데리고 묘한 술법을 가르치며 세월을 보내는지라.
매화는 앉아서 부모를 기다린들 수백 리 떨어져 있는 부모를 어찌 만나리오? 종무소식이라(終無消息)이라. 종일토록 자탄(自歎)하다가

금부도사가 김 주부를 잡으러 왔으나 집은 이미 비어 있었고, 김 주부는 옥저 소리 나는 구름 속에서 범을 타고 있었는데, 그 부인은 학을 타고 있었으며, 매화는 남자 옷을 입고 있었다는 것이다. 그런데 이 장면 이후 김 주부와 부인은 황해도 구월산에 들어가지만, 매화는 어디 다른 데로 보냈다고 한다. 그리고 다음에 만날 날이 있을 것이니 조금도 걱정하지 말라고 한다. 이 부분은 독자에게 매우 궁금증을 일으킨다.

이 부분 서술에서는 매화가 몇 살 때인지가 안 나오지만, 조 병사 댁에서 일하는 시비를 따라가서 매화가 스스로를 소개할 때 열 살이라고 하는데, 열 살이라는 나이는 아직 부모의 보호가 필요한 시기이다. 그럼에도 매화의 부친 김 주부는 일부러 버린 것으로 나온다. 버려진 어린 매화가 어떻

게 하고 있는지에 대한 서술은 이본별로 볼 때 대체로 비슷하다.

> 매화는 앉아서 부모를 기다린들 수백 리 떨어져 있는 부모를 어찌 만나리오? 종무소식이라(終無消息)이라. 종일토록 자탄(自歎)하다가 한 동네를 찾아 들어가 우물가의 버들을 의지하고 앉아 있더니, (국립한글박물관 42장본)
> 이때 매화는 한 곳에 다다라 이 황해도 연안 성인동에서 아무리 앉아 부모를 기다려도 종적이 없는지라. 종일토록 자탄하다가 우물가의 버들을 의지하여 앉아 있더니(박순호 소장 31장본)

위에 서술된 상황을 보면, 혼자 어딘가에 떨어진 매화가 종일토록 자탄했다고 하니 하루 종일 울었다고 할 수 있을 것이다. 부모가 찾아오지도 않고 혼자 어떻게 해야 할지를 몰라 우물가에 버들을 의지하여 앉아 있는 매화의 상태는 두려움과 배고픔에 망연자실한 것으로 보인다. 박순호 소장본의 서술에서는 '한 곳에 다다라'라고 하여 매화가 부모를 찾아 헤매고 다닌 것을 압축적으로 표현하고 있다.

이러한 매화의 버려짐은 앞으로 매화에게 닥칠 고난의 시작점이라 할 수 있다. 열 살 아이가 홀로 어딘가에 버려졌다면, 당장 잠잘 곳이나 먹을 것, 입을 것을 구할 수 없는 상황에 처한 것이다. 아직은 어린아이의 입장에서 부모의 부재는 극한적 어려움을 야기하는 것이라 할 수 있다.

그런데 매화는 남자 복장을 하고 있었기 때문에 남자로 행세하며 살 수 있었다. 자신이 여자임을 굳이 밝히지 않은 것은 여성으로 살아가는 것에 위험이 있다고 생각했기 때문일 것이다.

> 매화가 일어나 다시 절하고 여쭈되
> "저는 장단골 연화동에 사는 김 주부의 아들이옵고, 이름은 매화요, 나이는 십 세로소이다. 우연히 가화(家禍)를 만나 부모를 잃고 이곳에 왔나이다." …(중략)… 매화가 글을 배우매, 천연한 그 태도는 분명한 남자더라. 양유를 대하여 말하기를
> "나는 부모와 이별하고 정처없이 다니다가 천행으로 그대를 만나 글을 배우니 그 은혜를 어찌 다 갚으리오?"
> 한대 양유가 대답하여 말하기를
> "나도 또한 외로이 공부하다가 그대를 만났으니 이 어찌 즐겁지 아니하리오?" 하고 서로 즐거워하더니

이렇게 매화는 남자 행세를 하여 조 병사의 집에서 양유와 함께 즐겁게 지낼 수 있었을 것이다. 그렇지만 매화의 남장은 매화에게 닥친 어려움을 해결할 수 있는 방법이 되긴

했으나, 여성이 남복을 입고 남자 행세를 하는 것이기에 늘 위태롭고 험난한 일이었다. 그래서 매화의 남장은 홀로 된 어려움을 극복하는 방편으로 선택된 것이었지만 동시에 매화에게 괴로움을 겪는 원인이 된다. 게다가 매화가 육체적으로 성장하면서 남자로 행세하는 것이 더욱 어려워진다.

> 한 날 밤에는 양유가 자탄하여 말하기를
> "그대는 나의 몸을 만져 보는데, 나는 그대의 몸을 대지 못하게 하니 어찌 붕우지도(朋友之道)가 있다 하리오?"
> 하며 밤이 깊도록 잠을 이루지 못하거늘 매화가 위로하여 말하기를
> "나로 하여금 그다지 병이 되시오? 오늘 밤에는 내 몸을 만져 보고 마음을 푸소서."
> 한대, 양유가 희색이 만안하여 매화의 가슴을 만져 말하기를
> "그대의 가슴이 특별히 살이 많아 여자의 가슴 같다."
> 하고 또한 배를 만지려 하거늘 매화가 크게 놀라 손을 뿌리치고 일어나 글을 읽으며 부모를 생각하여 눈물을 그치지 못하더라.

이 장면은 매화가 양유와 같은 방에서 자는데, 양유가 매화의 몸을 만져 보려고 하여 곤란함을 겪는 사건이다. 매화

는 여성이기에 양유가 붕우지도를 거론하며 신체적 접촉을 시도하는 것을 받아들이기 어려웠을 것이다. 그렇지만 양유의 불만 토로도 집요하였기 때문에 매화는 어쩔 수 없이 자신을 만지도록 허락한다. 문제는 양유가 가슴을 만지고 여자 같다고 한 것이다. 매화가 겪었을 괴로움을 "눈물을 그치지 못하더라."라고 하였는데, 그러한 눈물의 원인이 부모 생각이었다는 점에서 매화가 고난에 처하게 된 것이 일차적으로 부모와의 분리에 있음을 알 수 있다.

매화가 남장을 하고 있음으로 인해 겪는 또 다른 괴로움은 사람들의 시선이다.

> 혹자는
> "여자가 남복을 입었다."
> 하며 말하기를
> "옷을 벗겨 보면 알리라."
> 하거늘 매화가 대경하여 급히 학당으로 돌아와 근심하여 가로되
> "만약 양유가 이 말을 들었으면 이제는 내 몸이 탄로될 것이니 이 몸을 어디에 가 의탁하리오?"
> 하며 무수히 서러워하며 눈물을 쏟아 내고는 울지 않은 척하거늘 양유가 말하기를
> "그대는 왜 나를 버리고 먼저 왔으며, 또 서러워하다가 울음

을 그치시오? 아마도 무슨 곡절이 있도다. 오늘 구경하는 사람이 그대의 얼굴을 보고 여자가 남복을 입었다 하매 급히 돌아와 우는 것인가 싶으니 알지 못하겠구나, 여자인가 하노라."

사람들이 매화의 아름다운 모습을 보고 여자가 남자 옷을 입었다고 평하고, 옷을 벗겨 보면 남자인지 여자인지 확인할 수 있다고 하니 얼마나 당황하였겠는가! 매화가 여성임이 탄로 나는 것에 대해 염려하는 것은 "이 몸을 어디에가 의탁"하겠는가 하는 데에서 알 수 있듯이 살아갈 방편이 없기 때문이다. 다시 말해 매화가 남장을 하고 조 병사 집에서 지내는 것은 생존을 위한 것이다. 그래서 여성임이 들키게 되면 더 이상 조 병사 집에서 지낼 수 없을지 모른다고 걱정하게 되는 것이다.

이렇게 매화는 부친에게 버려져 부모와 분리됨으로써 고아로 살아가야 하는 고난에 처한다. 다행히 조 병사의 집에서 양유와 함께 지냄으로써 생계나 생활의 문제를 해결할 수 있기는 하였으나 남자 옷을 입고 남자로서 살아가야 했기 때문에 탄로 나는 것에 대한 공포로, 남자인 양유와 함께 생활하는 괴로움을 겪어야 했다.

➤ 모함으로 쫓겨나고 도망하고

남자인 척 자신의 모습을 숨기고 살던 매화는 양유의 절절한 마음과 사람들의 시선 속에서 갈등하다가 마침내 여성임을 고백한다. 이로써 남장을 하며 살아야 하는 어려움은 일차적으로 해소된 듯 보인다. 매화는 자신이 여성임이 탄로 나면 더 이상 조 병사의 집에 머물 수 없기 때문일 것이라 생각하여 본 모습을 숨겼지만, 양유와 혼인하기로 함으로써 그것을 고민하지 않아도 되었기 때문이다.

그런데 문제는 매화와 양유의 혼인을 막고자 하는 인물이 등장하면서 생긴다.

> 이때 최씨 부인이 매화의 인물을 탐하여 매일 사랑하더니 마침 제 동생이 상처(喪妻)하니 제 동생을 생각하여 흉계를 꾸미었는지라.
> 하루는 병사가 내당에 들어가 부인을 대하여 말하기를
> "생각거니와 이러 이러하니 내두(來頭) 길흉을 알지 못하니 매화를 작배(作配)시킴이 어떠하뇨? 또 매화는 내 집에 있을 뿐 아니라 양유와 동갑이요, 또 인물이 비범하니 혼사함이 어떠하뇨?"
> 한대 최씨 대답하여 말하기를
> "상공은 어찌 그런 말씀을 하십니까? 양유는 사대부의 자제요, 매화는 유리걸식하는 아이라. 근본을 알지 못하오니 인물

3. 아닌 건 아닌 것이다, 매화 : 〈매화전〉 99

을 탐하여 혼사를 하리오?"
하니 병사가 중히 여겨 말하기를
"부인의 말씀이 당연하도다. 아무 날은 장단골 찾아 가서 매화의 근본을 알고 오리라."

매화의 앞길에 장애를 만든 인물은 다름 아닌 양유의 모친 최씨 부인이다. 최씨 부인은 매화의 아름다움을 보고 양유와의 혼인을 막고 자신의 동생에게 보내려 한다. 이를 위해 흉계를 꾸미는데 그것은 매화의 근본을 문제 삼는 것이다. 양유는 양반집 자식이지만 매화는 유리걸식하던, 출신을 알 수 없는 사람이라는 의혹을 말한다. 최씨 부인의 이러한 문제 제기는 매화의 신분을 조작하여 양유와 혼인하지 못하게 하기 위한 것이다.

조 병사는 최씨 부인의 제안을 긍정적으로 수용하여 실제로 장단골을 찾아가지만 최씨 부인이 미리 거짓된 정보를 흘리도록 조작해 놓은 사람들을 만남으로써 매화를 천한 신분으로 오인한다. 집에 돌아온 조 병사는 매화를 천한 신분으로 생각하고 쫓아내려 한다.

"매화가 이미 천인의 자식이라 할지라도 혼사를 하지 않으면 무슨 허물이 있으오리까? 아직은 두소서. 어찌 박대하게 하리오?"

한대 병사 또한 학당에 나가 양유를 불러 말하기를

"매화와 더불어 당부하던 일이 어찌 분하지 아니하리오? 이후로는 매화를 대면치 말라."

하시니 양유가 이 말을 들으니 가슴이 무너지는 듯하여 방 중에 엎어져 눈물을 흘리며 하는 말이

"매화와 더불어 백년해로하자 하였더니 천인이란 말이 웬 말이냐?"

하고 주야로 자탄할 제 골수에 병이 되어 눈물로 세월을 보내더라.

이때 매화는 이 말을 듣고 분함을 이기지 못하여 말하기를

"나의 팔자는 무슨 일로 부모 잃고 남의 집에 의탁하여, 천인이라 구박이 자심하니 이 몸이 여자 되어 어디로 간단 말인고?"

하며 옥면(玉面)에 흐르는 눈물을 그치지 못 하는지라.

조 병사는 매화의 신분 문제 때문에 양유와 혼인시킬 수 없다고 생각하고 내쫓으려 하지만, 이때 오히려 최씨 부인은 그것을 막아선다. 혼인만 안 하면 되지 박대할 것까지는 없다는 것이다. 그렇지만 조 병사는 분개하고, 매화와 양유는 강제로 이별 당해 슬픔에 빠진다. 매화는 다시금 고난에 빠진 것이다.

3. 아닌 건 아닌 것이다, 매화 : 〈매화전〉

이렇게 보면 매화는 여성으로서의 정체성과 아버지의 신분이라는 주어진 생래적 조건으로 인해 고난을 겪는다. 이런 측면에서 매화가 이 고통의 순간에 자신의 팔자 때문이라고 한탄하는 것이 이해가 된다. 자신이 태어나고 버려지는 것은 선택에 의한 것이 아니라 주어진 팔자 때문인 것이다.

매화가 더욱더 고통스러워하게 되는 것은 신분 문제로 인한 구박에서 나아가 최씨 부인의 강제 혼인 요구 때문이다. 그러니 매화는 조 병사의 집에서 뛰쳐나와 도망할 수밖에 없다. 매화가 조 병사의 집에서 나오는 것은 단지 매화가 홀로 되어 떠돌이가 될 뿐만 아니라 사랑하는 양유와 헤어지는 이별을 야기한다.

> 양유가 매화 간다는 말 듣고 발을 동동 굴리면서 나와, 바람같이 쫓아오면서
> "매화야, 매화야. 날 버리고 어디로 가려고 하느냐?"
> 하고 화림(花林) 중에 다다르니 매화 울음소리 얼른얼른하는구나. 번개같이 쫓아가니 광풍에 나는 나비가 꽃을 보고 덤비는 듯 매화 목을 담쏙 안고
> "그대는 뉘 집 짝이기에 남복을 입고 나를 속이느냐? 올 적에는 온 거지만 갈 적에는 임의로 못 가나니. 우리 둘이 목을

> 안고 한강수 깊은 물에 풍덩실 빠져 죽으면 죽었지, 살 때 두고는 못 가나니."
> 한대 매화가 정신 차려 양유를 바라보며 옥 같은 두 키 밑에 눈물이 솟아나며
> "마오, 마오. 서러워 마오. 난들 아니 원통하랴? 그대는 사대부 자제되고 나는 천인이라. 부모 명령 그러하니 문호(門戶)의 욕이로다. 모두 한한들 무엇하리오?"

위 장면에서 양유와 매화의 이별이 얼마나 곡진한 슬픔을 주는지 알 수 있다. 양유는 쫓겨나는 매화에게 자신을 버리고 어디로 가느냐 한다. 매화는 울면서 앞에 달려 나가고 양유는 뒤쫓아 가면서 울부짖는다. 매화를 쫓아간 양유가 매화를 붙들고 가지 못한다고 막으면서, 죽었으면 죽었지 살아서는 헤어질 수 없다고 매달린다. 그러나 매화는 자신이 쫓겨나는 명분, 즉 양유는 사대부 집안의 자식이고 자신은 천인이라는 이유로 어찌할 수 없다고 한다.

이때 뛰쳐나가는 매화를 겁박하듯 잡으러 오는 사람이 나타난다.

> 이때 최씨 부인이 제 동생을 불러 말하기를
> "병사가 매화를 보냈으니 급히 서둘러 쫓아가서 붙들어 오라. 어찌 조그만 여자의 걸음을 당치 못하리오."

한대, 최 모가 이 말을 듣고 사람들을 모아 산중으로 바람같이 쫓아가며 매화 보고 소리를 크게 하여 가로되
"저기 가는 저 낭자야. 가지 말고 우리를 기다리라. 그리 가면 어디로 가겠느냐? 함지에 든 범이요, 도마에 놓인 고기라."
하는 소리에 산천이 진동하는지라. 매화가 대경하여 연연한 기질로 달아나며 생사 판단하되 '어찌 남자의 걸음을 당하리오?'

최씨 부인은 조 병사를 다독거려서 매화를 집에 두려고 했으나, 결국 매화가 쫓겨나자 자신의 동생을 불러 매화를 쫓아가도록 한다. 매화가 작은 여인이니 그 걸음 정도야 당장 따라잡을 수 있을 것이라 하자, 최씨 부인 동생은 바로 쫓아가 잡으려 한 것이다. 매화는 조 병사의 집에서 쫓겨나 양유와 헤어진 슬픔을 진정하지 못하는 상황이었는데 갑자기 자신을 붙잡아 강제로 결혼하려는 남성이 뒤쫓아 오니 매우 공포스럽다. "함지에 든 범이요, 도마에 놓인 고기라."라는 표현에서 최씨 부인 동생은 매화를 포획한 동물, 수확처럼 생각하는 것을 알 수 있다. 그에 비해 매화는 '연연한 기질'로 달아나니 스스로 '생사'를 판단할 지경에 이른다.

이렇게 매화는 조 병사에게 쫓겨나고, 최씨 부인의 동생에게 쫓기면서 마치 사냥 당할 위험에 처한 동물처럼 죽을

위기를 겪고 있다. 이러한 매화의 상황은 고난이 최고조에 이른 것을 보여 준다. 그러다가 자신의 앞을 가로막는 물 앞에서 절망한다.

> 최씨의 동생이 실로 괴이하여 매화를 쫓아 사면을 살펴보니 좌편은 층암절벽이요 우편은 강수로다. 여러 사람들이 갈 바를 알지 못하여 그 가운데 종일토록 고생하며 최씨의 동생을 원망하는지라.
> 이때 매화는 어떻게 할 줄 모르고 슬피 울며 말하기를
> "산은 첩첩이요, 물은 청청(靑靑) 강수(江水)로다. 어디로 가잔 말인가? 부모 얼굴 못 볼진대 차라리 이 강수에 빠져 죽으리라."
> 하고 녹의홍상 무릅쓰고 광채 좋은 눈을 감고 물에 뛰어들려 할 제

이 장면에서 흥미로운 점은 쫓기는 매화도 고생하고 있지만, 뒤에서 쫓고 있는 최씨 동생 일행도 매우 고생스럽다는 것이다. 매화를 쫓는 길은 사면이 절벽과 물로 싸여 있어 어디로 갈지 알 수가 없고 아직 매화도 잡지 못해 힘들어한다. 동시에 매화는 뒤에서 밀치듯 쫓아오는 여러 사람들이 자신을 잡으려 하니 두려운데, 매화에게도 펼쳐진 길은 층암절벽과 물인 것이다. 그러니 매화는 차라리 강물에 빠져

죽으려 한다. 매화는 이 순간 죽음을 선택할 정도로 고난을 경험했다고 할 수 있을 것이다.

매화는 어떻게 고난을 극복했을까?
➢ 의연함으로 버티다

매화가 겪은 고난은 열 살 때 느닷없이 버려짐으로 시작되었다. 갑자기 부모가 보이지 않는 상황에서 아이가 겪을 공포는 충분히 짐작할 수 있다. 아이가 아닌 성인이라 할지라도 의지하던 누군가가 갑자기 없어져 홀로 외딴 곳에 있다면 당황할 수밖에 없을 것이다. 그러니 어린아이 매화는 부모를 찾아 여기저기 헤매기도 하고 기다리기도 하였던 것이다. 그런 상황에서 조 병사 집의 시비를 우물가에서 만난 것은 어떠한 노력에 의한 것이라기보다는 행운에 의한 것이다.

그렇지만 매화가 조 병사 집에 간 이후로는 어떤 처세를 위한 노력이 보인다. 그것은 남복한 자신을 김 주부의 아들이라고 소개하고, 남자인 양유와 동성인 것처럼 행세하며 생활을 같이한 것에서 볼 수 있다. 이러한 매화의 고난 극복 노력을 의연하게 인내하였음으로 설명해 볼 수 있을 것 같다.

"이같이 만들어 남녀 분별을 아니 하였으니 원통하다, 우리 연분! 어찌 아니 절통할까?"

할 때, 매화는 천연이 앉아 가로되

"그대는 어찌 부부 되기를 원하시오? 우리 얼굴이 같은 것은 벌써 아는지라. 붕우는 오륜의 으뜸인데, 그 정이 변하리오?"

하고 그럭저럭 세월을 보내는지라. 하루는 양유가 매화의 손을 잡고 가로되

"그대의 아름다운 태도를 보니 내 마음이 절로 상하도다. 어찌하여야 상한 마음을 풀리오?"

하거늘, 매화가 가로되

"그대는 장부가 아니로다. 피차 남자 간에 무슨 사랑을 하리오?"

하고 안색을 불편하게 하며 손을 뿌리치거늘 양유가 무안하여 말하기를

"나는 한 방에서 공부하는 벗이기에 사랑함을 이기지 못하여 손을 잡고 놀렸더니, 이렇게도 무안하게 하는 것이오?"

하며 무수히 자탄(自歎)하거늘 매화가 말하기를

"그대의 마음이 괴이하도다. 나를 대하며 음양(陰陽)을 탐하는 듯싶으니 어찌 병이 아니 되리오? 아무리 그러한들 나는 남자라. 어찌 남의 원을 풀리오?"

하고 세월을 보내더니

3. 아닌 건 아닌 것이다, 매화 : 〈매화전〉 107

　양유는 매화가 여성인 줄을 모르지만 연분을 느끼고, 남녀 사이로 만나지 못한 것을 원통해 한다. 그러니 매화는 이에 대해 맞서든지 수용해야 하는데, 한번은 붕우지간으로 양유를 설득하고, 또다시 양유가 매화의 아름다움에 마음이 상한다고 하니 뿌리친다. 작품 속 서술에서는 매화가 어떤 심정인지 세세하게 제시되지는 않고, 양유를 뿌리칠 때 "안색을 불편하게 하며" 정도로 나온다. 그리고 나서 양유가 탄식함에 대해서도 매화는 양유에게 괴이한 마음을 품었다고 하면서, 남자에게 어찌 남녀지정을 탐하느냐고 질책한다.
　이러한 매화의 태도는 남자 행세로 겨우 조 병사의 집에서 살아가고 있는 입장에서 쫓겨날 위험을 피하기 위해 최선을 다한 것이라 할 수 있다. 양유가 계속해서 매화에게 아름답다고 하고 연정을 느낀다고 해도 그것에 호응하지 않고 아무렇지도 않은 듯 태연한 태도를 취하는 것은 자신이 여성임을 들키지 않아야 하면서도 동시에 양유와 척지지 않아야 하기 때문이다. 앞서 매화의 고난을 살펴보면서도 확인했듯이, 매화는 자신이 여자임이 탄로 나면 더 이상 조 병사의 집에 머물 수 없을 것이라고 생각한다. 그래서 매화는 혹여라도 양유에게 들킬까 조심하면서 붕우지정 정도로 관계를 유지하려고 한 것이다. 이때에 매화가 지닌 의연함은 생존을 위한 결심, 판단을 지키는 것과 관련된다 할 수 있다.
 매화가 보이는 의연한 태도는 최씨 부인의 동생에게 쫓기다가 죽음을 결심하는 대목에서도 엿볼 수 있다.

> 여러 사람이 소리를 크게 지르면서 어떤 여자를 쫓아 거의 잡게 되었거늘 주부가 그제야 매화인 줄 알고 분함을 이기지 못하여 소매에서 무슨 글키를 내던지니 일진광풍이 일어나며 벽력같은 소리가 나더니 층암절벽이 사방으로 두르며 여러 사람을 가두는지라. 최씨의 동생이 실로 괴이하여 매화를 쫓아 사면을 살펴보니 좌편은 층암절벽이요 우편은 강수로다. 여러 사람들이 갈 바를 알지 못하여 그 가운데 종일토록 고생하며 최씨의 동생을 원망하는지라.
> 이때 매화는 어떻게 할 줄 모르고 슬피 울며 말하기를
> "산은 첩첩이요, 물은 청청(靑靑) 강수(江水)로다. 어디로 가잔 말인가? 부모 얼굴 못 볼진대 차라리 이 강수에 빠져 죽으리라."
> 하고 녹의홍상 무릅쓰고 광채 좋은 눈을 감고 물에 뛰어들려 할 제 문득 산중으로부터 무슨 소리가 들리거늘 혼미한 중에 바라보니 어떤 사람이
> "매화. 매화. 매화."
> 크게 부르며 내려오거늘 매화가 반석에 앉아 그 사람을 기다리더니 순식간에 어떤 노인이 녹포(綠袍)에 흑대를 띠고 내려와 매화의 손을 잡고 말하기를

3. 아닌 건 아닌 것이다, 매화 : 〈매화전〉   109

"아가, 매화야. 너의 부친 내가 왔다. 정신 차려 날 보아라."
하며 붙들고 일희일비(一喜一悲)하는지라. 매화가 정신 차려 살펴보니 부친이 분명하거늘 가슴이 막혀 아무 말도 못하다가 부친의 손을 잡고
"여보시오, 부친님. 이것이 꿈인지 생신지. 명천(明天)이 감동하여 우리 부친을 만났으니, 이팔청춘 여기서 죽어도 한이 없을지라."
하고 일어나 다시 가려 할 제 주부가 매화를 달래어 말하기를
"이도 역시 운수라. 한(恨)한들 무엇 하랴?"
하고
"너의 모친 있는 곳으로 가자."
하시거늘 매화가 진정하여 부친 앞에 재배하고 말하기를
"수년 동안 천금 같은 기후(氣候) 일행 만안(萬安)하오시고, 모친도 안녕하시나이까?"
주부가 말하기를
"다 무사하거니와 나도 너 고생하는 바를 아는 바라. 오늘 이곳에 와 만날 줄을 짐작하였노라."

〈매화전〉에 숨겨져 있는 매화의 고난 이유는 바로 매화의 부친 김 주부와 관련이 있다. 애초에 매화를 버린 것도 김 주부였는데, 매화가 조 병사 집에서 나와 최씨 부인 동생에게 쫓기다가 강물에 뛰어들려고 할 때 매화의 위험을 알

고 구해 주는 이도 김 주부인 것이다. 이렇게 매화의 고난을 계획하고 실행한 이가 바로 부친 김 주부인데, 김 주부는 매화에게 그 모든 것이 운명이니 한하지 말라고 한다. 이는 매화가 부친과 상봉하고 나서 얼마나 기뻤는지 죽어도 한이 없다고 한 데 대한 대답이다. 그런데, 매화는 자신이 그 모든 고난 끝에 부친을 만나 좋아하면서 원망하지 않는다. 대신 그 부친 김 주부는 이제까지 매화의 인생이 운수라고 하면서 한스러워하지 말라고 하는 것이다.

    매화가 정신 차려 살펴보니 과연 부친이 분명한지라. 가슴이 막혀 아무 말도 못하다가 부친을 붙들고 무수히 통곡하기를
    "오늘 부녀 상봉이 꿈인가 생시인가. 명천이 감동하사 우리 부친을 만났으니 이제는 무슨 한이 있사오리오?"
하며 무수히 슬퍼하거늘 주부가 매화를 달래며 말하기를
    "네 모친 있는 곳에 어서 가자."
하거늘
매화가 부친께 아뢰기를
    "지난 수년간 모친 기후 안녕하신가요?"
주부가 말하기를
    "나는 네 고생을 다 알거니와 오늘 이곳에서 만날 줄 짐작하였도다."(김동욱 소장 30장본)

3. 아닌 건 아닌 것이다, 매화 : 〈매화전〉 111

위에서 인용한 부분은 김동욱 소장본에서의 서술이다. 국립한글박물관본과 대체로 유사하지만 매화가 김 주부를 만나 한 말에 대한 대답에 차이가 있다. 그 부분은 바로 운수 소관 이야기를 하지 않은 것이다. 김동욱 30장본에서는 김 주부가 매화에게 다른 말을 하지 않고 달래면서 어머니께 가자고만 한다. 이러한 차이는 김 주부의 의도보다는 매화의 선택과 태도에 무게를 둔 것으로 할 수 있겠다.

여기서 우리는 운명을 대하는 자세에 대해 교훈을 얻을 수 있다. 사람의 일생에 있어서 정해진 운수라는 것이 있는지, 있다면 얼마나 구체적으로 정해져 있는지, 그 운수는 정해진 대로만 실현되는 것인지 알 수 없다. 그렇지만 매화가 어릴 때 버려져서 죽음을 각오하면서까지 살아낸 것은 매화가 정해진 운수라는 것을 모르면서도 자신이 처한 상황에서 가장 최선의 방법을 선택한 결과이다.

이러한 측면에서, 우리 모두 인생을 대할 때에 정해진 운수를 알려 하기보다는 자신에게 주어진 상황, 일생에 대해 자신의 의지로 굳건히 버티고 이겨내는 태도가 중요하다는 것을 깨닫게 된다. 매화가 자신의 운수가 그러하다는 것을 알고서 그런 상황을 만났다면 김 주부를 만났을 때에 부친을 다시 만난 기쁨보다는 원망이 더 클 수 있었을지 모르지만, 매화는 죽음의 문턱에서 만난 아버지로 인해 기뻐 통곡하고, 어머니의 안부를 묻는 것이다.

➢ 억지와 모함을 거부하다

매화가 어려움 속에서도 굴하지 않고 잘 이겨낼 수 있었던 것은 다른 사람의 억지나 모함을 거부한 데에서 찾을 수 있다. 매화는 여인으로서의 정체를 숨기고 살아야 했던 어려움을 양유와의 혼인으로 해결할 수 있었지만, 최씨 부인의 흉계로 인해 집에서 쫓겨나 강제 혼인을 해야 하는 고난을 만난다. 최씨 부인은 양유의 친모가 아니라 계모였기 때문에 아름다운 매화를 양유와 혼인시키기보다는 때마침 홀로 되어 재혼을 해야 하는 자신의 동생과 연결시키려고 나쁜 계략을 세운 것이다.

> 하루는 최씨 부인이 매화를 대하여 말하기를
> "병사께서 너를 쫓아내라 하시니 저러한 여자가 어디로 가리오?"
> 거짓 눈물을 흘리며 말하기를
> "불쌍하다, 매화야. 이때까지 너로 하여금 정을 붙였는데 어찌 이별하리오?"
> 하며 만단으로 위로하여 말하기를
> "내 동생이 상처하고 아직 혼사를 정하지 못하였으니 그와

3. 아닌 건 아닌 것이다, 매화 : 〈매화전〉 113

부부 되어 백년해로함이 어떠하뇨?"

한대 매화가 얼굴빛을 바꾸고 말하기를

"아무리 천인의 자식인들 부모의 명령이 없는데 출가하오리까? 가다가 죽을지라도 부모를 찾아가리로다."

하고 의복을 갈아입고 급히 나가니 최씨가 대경실색하여 매화의 손을 잡고 말하기를

"벌써 혼사를 할 것으로 대사 날을 받았으니 어디로 가리오? 임자 없는 처자 아무라도 먼저 혼사하면 임자로다."

하거늘 매화가 손을 뿌리치면서

"마오, 마오. 그리 마오. 부모 없는 아이를 그다시 팔시아시오? 인연이라 하는 것은 하늘에서 주는 바라. 인력(人力)으로 못하나니."

발을 동동 굴리면서

"날 놓아라. 날 놓아라. 제발 덕분 날 놓아라. 부모 찾아가리로다."

하며 이리저리 울 제

최씨 부인은 자신의 계략으로 매화가 천한 신분이라고 조 병사를 속여서 쫓겨나게 하고 나서는 매화에게 갈 데 없는 처지이니 자신의 상처한 동생과 혼인하라고 대안을 제시한다. 만약 매화가 단지 살아갈 길만 고민했다면, 현실적으로 최씨 부인의 제안을 수용하는 것도 한 방법이 될 것이다.

어차피 자신의 신분이나 집안에 대한 기억도 많지 않고, 부모가 어디에 있는지도 알 수 없는 상황인 데다가 막상 조병사의 집에서 나가고 나면 지낼 곳이 없기 때문이다.

매화는 이러한 막막한 상황에서도 최씨 부인의 그럴듯한 제안을 단숨에 거절한다. 매화는 아무리 천인의 자식이라도 부모 허락 하에 혼인을 해야 하는 것이라는 법도를 들어 거절한다. 그럼에도 최씨 부인이 매화에게 아무 데도 갈 수 있는 곳이 없을 것이라며, 먼저 혼인하면 임자라는 식으로 매화에게 강요한다. 매화는 최씨 부인이 자신을 괄시했다고 하고, 혼인이라는 것은 하늘이 정하는 바이지 사람이 어찌할 수 없는 것이라고 강력히 거부하며 부모를 찾아 떠날 것이라고 한다.

매화가 고난을 극복하는 방식은 자신이 어떤 행동을 먼저 취하지는 않지만, 처한 상황에서 자신이 지켜야 할 정체와 사랑을 굳건히 지켜내는 것이었다고 할 수 있다. 이에 대해 수동적이라고 비판할지는 모르나, 매화가 이러한 상황에 처했던 연령은 불과 열 살이었으며, 고아와 같이 거할 곳도 먹을 것도 의지할 사람도 없이 살아야 했던 환경을 고려하면 오히려 최선의 현명한 자세라고 할 수 있을 것이다.

매화는 자신이 왜 그러한 고난에 처했는지 원망하거나

따지지도 않고, 우연히 주어진 행운, 조 병사의 집에서 수용적 태도로 의연하게 그리고 단호하게 자신을 지켜낸 것이다. 그 결과 매화는 마침내 모든 고난에서 벗어나 구월산으로 범에게 잡혀 온 양유와 혼인식을 올린다. 그리고 이러한 고난이 종결될 수 있었던 것은 매화가 잘 극복해 낸 것도 있지만, 김 주부라는 초월적 능력을 지닌 존재 덕분이기도 하다.

> "나는 장단골 연화동에 사는 김 주부로, 딸자식을 잃고 팔노강산을 찾아다니더니, 듣자오니 남복을 입고 키댁 공자와 공부한다 하니 그 은혜 백골난망이로소이다."
> 한 대, 병사가 대경실색하여 가로되
> "과연 공부하다가 여자라 하기로 내당에 두고, 자식과 혼사할 뜻이 있기로 연화동을 찾아가 근본을 알아보니 천인의 자식이라 하기로 즉시 내어보냈나이다." …(중략)…
> 주부가 병사를 대하여 가로되
> "나이 사십에 자식이 없고 다만 무남독녀를 두었으나 내가 천문을 아는 고로, 양유와 부부가 될 줄을 짐작하고 남복을 입혀 키댁으로 보냈나니. 천정을 어길까 하여 보냈더니, 보니 내 여식이 고생할 신수라. 그것으로 허물할 일은 아니라."
> 하고

이 장면은 매화는 김 주부가 매화를 구하여 구월산에 두고, 호랑이를 보내어 양유를 데리고 온 후 조 병사에게 나타나 매화를 찾는 장면과 구월산에 온 조 병사에게 김 주부가 설명하는 부분이다. 양유가 없어진 후 식음을 전폐하고 거의 죽게 된 조 병사에게 김 주부가 등장하여 구월산에 오면 양유와 며느리를 볼 수 있으리라고 말한다. 그리고 구월산에 조 병사가 오자 매화가 조 병사의 집에 가게 된 연유, 천정지연에 대해 설명한다. 여기의 김 주부 말에서도 매화는 "고생할 신수"여서 고생할 수밖에 없었음을 강조한다. 그러면서 이 모든 일의 마무리는 김 주부가 거하고 있는 구월산에서 이루어진다.

주부가 또 한 번 백우선을 놀린대 꽃가지가 요동하더니 어떠한 미인이 완연히 나와 금 쟁반을 손에 들고 산과 목실을 뚝뚝 따서 옥반에 괴어 놓고 대모 장도 드는 칼로 수박 참외 슬슬 깎아 놓고 정성으로 두 손을 받들어 병사 앞에 놓고 유리병을 기울여 앵무 잔에 술을 부어 고운 손으로 넌짓 들고 주부 전에 드린 후에 또 한 잔을 가득 부어 병사 전에 드리거늘 실로 괴이하여 그 미인을 살펴보니 영영한 그 태도는 세상 인물 아닐러라. 그 술을 먹으니 향기 만복(滿腹)하여 취토록 먹은 후에 미인이 술상을 들고 화단으로 들어가는지라. 또한 백우선을 요동하니 옥동자가 나오더니 천은설합을 내어놓고 백통대에 담배 붙여 병사 전에 드린 후에 또 한 대를 가득 넣어 주부 전에 드리거늘 병사가 실로 괴이하여 동자를 붙들고자 하니 동자가 놀라 옥병으로 들어가거늘 병사가 묻기를

"아까 그 여인은 어떠한 여자며 그 아이는 어떠한 동자니까?"

주부가 대답하여 말하기를

"그들은 모두 다 나의 침소에 있는 종이로소이다."

하고 바둑을 낙을 삼아 세월을 보내더니 하루는 병사 집으로 돌아가기를 청하여 말하기를

"우연히 이곳에 와 자식을 만나보옵고 떠난 지 오래오니 오늘은 집으로 돌아가겠나이다."

주부가 대경하여 말하기를

"천기를 보니 수일 지나고 난리가 날 듯하니 어디로 가리오? 금년은 임진년이라. 국운이 불행하여 일본이 강성하여 수만 병마를 거느리고 조선 팔도를 거느리고 점점 날 것이니 어찌 살기를 바라리오?"

하고 이날 밤에 무서운 글키를 옹위하더니 밖으로부터 벽력 소리 진동하며 산천이 무너지는 듯하거늘 병사 놀라서 그 거동을 살펴보니 열두 신장(神將)이 황금 투구에 엄심갑을 입고 삼척 장금을 높이 들고 계하(階下)에 복지(伏地)하였거늘 주부가 호령하며 가로되

"이곳에 팔년 전쟁을 지낼 것이니 너희 등이 각각 군사를 거느리고 이 산중에 있다가 왜병이 쳐들어오거든 멀리 좇으라."

하시니 신장이 명령을 듣고 다 물러가는지라. 병사가 크게 놀라 말하기를
"그 장수는 어떤 장수입니까?"
주부가 대답하여 말하기를
"그는 다 내가 부리는 신장이수요, 이 집도 신장의 조화로소이다."

구월산이라는 공간은 현실과 분리된 공간이고, 김 주부를 중심으로 초현실적 일들이 일어나는 곳이면서 모든 등장인물의 고난이 끝나고 행복한 결말을 맞이하는 곳이다. 위에서 인용한 부분은 김 주부가 백우선을 한 번 부치면 아름다운 여인이 나타나 술과 음식으로 시중들고, 또 한 번 부치니 이번에는 옥동자가 나타나 담배 시중을 들어 정말 환상적인 공간임을 잘 보여 준다. 그런가 하면, 김 주부와 조 병사는 바둑으로 낙을 삼아 세월을 보내니 그야말로 신선놀음이다. 그래서 이 작품의 말미에 새로이 일어나는 역사적 사건, 임진왜란도 이들 인물들은 겪지 않고, 현실과 동떨어져 신선과 같은 삶을 누리다 지나가는 것이다.

주부가 왜병을 물리치고 집으로 돌아와 병사를 대하여 말하기를

"이번 난리는 나에게 맡기면 불과 삼 개월이면 왜병을 처벌하고 천하를 평정할 것인데 조정이 소인의 종이라. 내 말을 듣지 아니할 것이오. 또한 백면서생으로 성공하면 무엇 하리오? 차라리 이곳에서 피난함만 같지 못하다."

하고 이러구러 세월을 보내더니 어느 날 밤에는 청명 월하를 당하였는지라. 주부가 동자를 불러 말하기를

"오늘밤에는 월색이 명랑하니 풍악을 갖추어 손님의 마음을 위로하라."

하고 동자는 옥저를 불고 주부는 거문고를 안고 옥저에 화답할새 그 소리 처량하여 백학이 앉아 우는가 하고 봉황이 날아 춤을 출 제 청량한 금성이 반공에 솟아올라 월궁에서 선녀 한 쌍이 내려와 춤을 추고 즐길 적에 앵무 같은 저 거동은 사람의 간장 다 녹인다.

이 장면은 임진왜란이 발발하였을 때 김 주부가 왜병을 물리치고 구월산에서 난을 피하게 되는 과정을 보여 준다. 김 주부는 말하기를, 자신이 난리를 맡는다면 삼 개월 정도에 왜병을 처벌하고 세상을 평정할 것이지만 조정이 소인배들인지라 자신의 말을 듣지도 않을 것이고, 자신이 나서서 그런 일로 성공을 보여 줄 이유가 없다고 한다. 다시 말해 자신에게는 왜적을 물리칠 수 있는 능력이 있지만, 굳이 나서서 그 능력을 쓸 이유가 없다고 한다.

이러한 김 주부의 말에서 〈매화전〉의 서두에서 김 주부가 술법만 한다고 김 주부를 잡아 오도록 한 임금과 조정의 신하들에 대한 비판을 읽을 수 있다. 임금과 조정에서는 김 주부가 가진 능력, 소위 술법이라는 것에 대해 부정적으로 평가하고, 자신들에게 환란이 될까 봐 김 주부를 없애려고 하는 것이다. 국립한글박물관 소장 42장본처럼 임진왜란이 부가 서술되어 있는 이본은 〈매화전〉 전체 이본들 중 일부이다. 임진왜란 사건이 서술되지 않는 이본 중 김동욱 30장본의 결말부를 보면 다음과 같다.

주부가 백우선을 한 번 놀리매 방안에 오색구름이 두르더니 왼쪽은 청산이요, 오른쪽은 녹수로다. 온갖 화초 만발한데 온갖 새는 슬피 울고 앵무새, 공작새 날아든다. 영산홍로 봄바람에 봉접은 쌍쌍이 왕래하고 층암절벽에 우는 것은 꾀꼬리요, 백백홍홍(白白紅紅) 두견화에 두견도 슬피 울고 청송녹죽(靑松綠竹) 가지에 백학이 앉아 있고 또 백옥병이 요란하더라. 옥동자가 나와 천은설합(天銀舌盒)을 내어놓고 백통대에 담배를 붙여 주부께 드린 후에 또 한 대를 내어 병사 앞에 드리거늘 병사께서 괴이하여 동자를 붙들고자 하니 동자가 놀라 방으로 들어가는지라. 병사가 묻기를

"아까 그 부인은 어떠한 사람이며, 그 동자는 어떠한 동자이리까?"

"그는 다 나의 친족이나 시비(侍婢)로다."
하고 바둑 두기로 세월을 보내더라.
매화와 양유는 소년시절에 고생하고 다시 만나 부모님께 효도하고 부키다남(富貴多男)하고 만대 유손하였도다.
이 세상에 나와 각고(刻苦) 선심(善心)으로 마음을 닦아 훗날 세상에 매화와 양유 같은 좋은 배필 만나 각기 재산도 많고 지위도 높으며 아들도 많이 낳아 만대 유손하여 보세.

이처럼 김동욱 30장본의 경우에는 김 주부가 백우선을 놀려 선계의 풍경이 펼쳐지고, 옥동자가 나와 담배를 붙여 주는 장면 뒤에 바둑을 두며 세월을 보내는 것으로 서사가 마무리된다. 그리고 매화와 양유가 잘 살았다는 것과 우리 모두 좋은 배필 만나고 재산도 많아지고 지위도 높이고 아들도 많이 낳자는 덕담으로 종결된다.

이로 볼 때, 〈매화전〉의 고난 극복은 초현실계에 속할 수 있는 매화라는 인물이 현실계에서 온갖 고난을 겪다가 천정지연인 양유를 만나 마침내 결연하는 것으로 이루어진다고 할 수 있다.

4.

누구보다 잘할 수 있다,
　　　　　정수정 : 〈정수정전〉

<정수정전>의 정수정 이야기

〈정수정전〉은 조선 후기에 등장하여 많은 사랑을 받은 고전소설이다. 〈정수정전〉은 필사본, 목판본, 활자본 등 다양한 판본으로 만들어졌다는 점에서 그 대중적 인기를 추측할 수 있다.[1] 〈정수정전〉은 여성 주인공 정수정이 뛰어난 능력을 발휘하여 활약한 서사를 보인다는 점에서 여성 영웅소설에 속하는 작품이라 할 수 있다. 주인공 정수정은 여성 인물이지만 남성보다 더 우위에서 활약한 영웅적 모습을 보여 주어 〈정수정전〉은 여성 영웅소설 작품들 중에서도 비교적 후대에 창작되었을 것으로 보인다.

여성 영웅소설은 영웅소설의 전반적인 인기와 함께 부상한 고전소설 유형이다.[2] 임병양란 이후 소위 군담, 영웅

---

[1] 그 종수는 정확한 파악이 어렵지만 20여 종을 상회할 것으로 보인다.
[2] 장시광은 여성 영웅소설에 대한 선행 연구를 다음과 같이 정리한 바 있다(장시광, 「여성영웅소설에 나타난 女化爲男의 의미」, 『한국고전여성문학연구』 2, 한국고전여성문학회, 2001.).
"여성영웅소설은 작품에 나타난 여성의 활약상이 남성과 대등하거나 오히려 능가한다는 점에서 당대 현실에 비추어 볼 때 여성의 현실과는 거리가 있어 많은 논란을 제공하였다. 주로 유형화에 관심이 집중된 가운데 근래에는 여성에 대한 관심이 사회적으로 높아지면서 여성과 관련된 주제적 측면에 초점이 모아지고 있다. 유형 연구 가운데 여걸의 양상, 과거급제의 선후와 출정시 작위, 여성의 남성에 대한 지위와 처지, 여성의 가정외적 참여활동, 남성 또는 여성의 영웅성 정도 등의 기준은 '여성'보

소설은 굉장한 인기를 누리게 된다.[3] 전기수와 관련하여 자주 소개되는 사례에서, 영웅소설 작품이 포함된 것에서도 알 수 있다. 이러한 영웅소설의 인기는 당시 향유층의 실제

    다는 '영웅'에 초점을 맞춘 것이다. 반면에 남녀의 이합구조나 여성의식의 실현양상 등의 기준은 '영웅'보다는 '여성'에 초점을 맞춘 것이라 할 수 있다."
3) 영웅소설이 대중성 내지 통속성을 지니게 된 사회문화적 배경을 진경환의 논의에서 확인할 수 있다(진경환, 「영웅소설의 통속성 재론 : 〈유충열전〉을 중심으로 한 시론」, 『민족문학사연구』 3, 민족문학사학회, 1993.). "영웅소설은 특히 19세기에 널리 읽힌 소설이다. 두루 알고 있듯이 17세기 중·후반에 그 획기적인 발전의 토대를 마련한 고전국문소설은 18세기에 접어들면서 독자층의 확대와 더불어 비약적인 발달을 하기 시작하였다. 즉 영업적 세책점이 형성되고 상업적 목적의 방각본이 출현함으로써 소설이 양적으로 대폭 확대되고 그 성격 또한 다양해졌을 뿐 아니라 본격적으로 대중화되었던 것이다. 상품적 원리에 의한 대중화의 추세는 19세기에 들어와 더욱 강화되어 당시 주류적인 독서물이었던 영웅소설에서 독자의 저속한 취미에 영합하려는 경향을 초래하기도 하였다."
한편, 영웅소설의 대중성이 통속성을 지니는 데 대해 한계와 긍정적 부분을 분리해야 한다고 박희병이 논한 바 있다(박희병, 「고전소설 연구의 새로운 방향 모색」, 『민족문학사연구』 1, 민족문학사학회·민족문학사연구소, 1991).
"영웅소설의 경우 통속성이 강하기 때문이 민중성은 대체로 무시되는 경향이 있으나, 이 경우에도 무시해버릴 것이 아니라 어떤 형태로든 이 범주의 적용을 시도해볼 필요가 있다. 당시 부녀자들과 서민들에게 가장 많이 읽힌 국문소설류의 하나인 영웅소설에 당대 민중의 의식과 사고방식이 상당 부분 배어 있다고 보는 것은 자연스럽다. 그러므로 분석을 통해 당대 민중의식의 한계와 긍정적 부분을 분리해 내는 작업이 필요하다."

적 전란 체험과도 관련이 있을 것으로 보인다. 소설은 허구 양식이지만, 우리는 소설을 읽으며 우리의 역사와 기대, 반성을 함께 경험하기 때문이다. 이러한 측면에서 조선 후기에 성행한 영웅소설의 맥락을 이해할 수 있다.

여성 영웅소설의 등장에 대해서는 연구자에 따라 그 배경을 다르게 설명하지만,[4] 남성 영웅소설과는 다른 구조와 서사 전개를 보인다는 것은 분명하다. 영웅소설의 일반적 구조에 대해서는 일찍이 조동일에 의해 제시된 바 있는데[5],

---

[4] 이에 대해 류준경의 논의를 참조할 만하다(류준경, 「영웅소설의 장르관습과 여성영웅소설」, 『古小說 研究』 12, 한국고소설학회, 2001.).
"지금까지의 연구 경향에 의하면 여성영웅소설은 영웅소설의 변이형태로, 영웅소설의 후대적 변모과정 속에 출현한 것으로 파악된다. 사실 대개의 여성영웅소설은 영웅소설의 장르관습을 이어 받아 출현한 것으로 보인다. 하지만 여성영웅소설을 살피는 데 있어서 좀더 고려할 사항이 있다고 여겨진다. 먼저, 장편과 단편의 문제이다. …(중략)… 여성영웅소설의 출현은 일반적으로 조선후기 소설 독자층의 확대, 여성독자의 의식 수용, 그리고 소설의 상업화 경향과 관련하여 논의되어 왔다. 특히 여성영웅소설 전반을 다룬 연구에서는 여성영웅소설의 출현을 여성독자의 욕구와 관심, 혹은 여성의식의 성장과 관련하여 해석하였다. 하지만 "여성의식"에 대해서는 다시 생각해 볼 필요가 있다."

[5] 조동일은 영웅의 일생을 구조를 다음과 같이 추출, 제시하였다(趙東一, 「英雄의 一生, 그 文學史的 展開」, 『東亞文化』 10, 서울대학교 동아문화연구소, 1971.).
A. 고귀한 혈통을 지닌 인물이다.
B. 잉태나 출생이 비정상적이다.

여성 영웅의 일대기는 고난 극복의 방식이나 투쟁, 군담 등의 단계 이후에서 차별성이 나타난다.

> "여기서 특히 주목해야 하는 것은 영웅소설의 유형성과 대중성이다. 영웅소설이 유형적 성격이 강하다는 것은 주지의 사실이다. 영웅소설이라는 장르가 고착화되고 유형화되면 한편으로는 자기 갱신의 한 과정으로 파악된다. 이는 또한 영웅소설의 상업적 성격과도 밀접한 관련을 가진다. 하나의 장르가 인기 있으면, 그와 비슷한 류의 소설은 계속적으로 생산되었을 가능성이 크다. 인기 있는 장르의 구매력에 편승하여 비슷한 작품이 계속해서 산출되는 것이다. 또한 지속적인 구매력을 위하여 부분적인 변모도 함께 이루어져야 한다. 그 유형성과 자기 갱신이 만나는 자리에 여성 영웅소설이 존재하는 것이다."6)

C. 凡人과는 다른 탁월한 능력을 타고났다.
D. 어려서 棄兒가 되어 죽을 고비에 이르렀다.
E. 구출·양육자를 만나 죽을 고비에서 벗어났다.
F. 자라서 다시 위기에 부딪쳤다.
G. 위기를 투쟁적으로 극복하고 승리자가 되었다.
위의 A~G까지 나눈 영웅의 일생 구조는 주몽(이규보, 〈동명왕편〉), 탈해(『삼국사기』 본기), 궁예(『삼국사기』 열전), 작제건(『고려사』), 괴내깃도(金寧 괴내깃堂, 본풀이), 바리공주, 홍길동(〈홍길동전〉), 금방울(〈금방울전〉), 유충렬(〈유충렬전〉), 숙향(〈숙향전〉), 양소유(〈구운몽〉), 옥련(〈혈의 누〉) 등 12명의 인물이 보이는 공통적 서사 단락으로 7단계이다.
6) 류준경, 「영웅소설의 장르관습과 여성영웅소설」, 『古小說 硏究』 12, 한국

여성 영웅소설의 출현은 영웅소설의 홍행으로 비롯된 상업성, 대중성과 관련된다는 것이다. 그리고 장르 측면에서, 여성 영웅소설이 영웅소설과 아예 다른 부류도 아니면서 약간의 변화가 일어난 정도의 차이를 보이는 이유를 잘 설명하고 있다. "유형성과 자기갱신"이 교차하는 지점에서 여성 영웅소설이 존재한다는 것이 바로 그것이다.

"지금까지의 연구들을 종합해 보면 대략 다음과 같은 합의점을 찾을 수 있다. 첫째, 여성영웅소설은 여성이 남성과 같은 '무용(武勇)'을 펼치는 작품이다. 둘째, '영웅의 일대기'를 갖춘 '영웅소설'적 특성을 보인다. 셋째, 여성이 남복(男服)을 입고 사회 진출을 하여 능력을 펼치는 소설이다. 넷째, 입공의 과정으로 포괄이 안 되는 다양한 내용들을 수용하고 있다. 이러한 전제 하에서 기존 논자들이 여성영웅소설로서 분류한 텍스트는 대략 40여 편에 달한다."7)

위의 설명은 여성 영웅소설의 장르적 특성을 제시한 것

고소설학회, 2001.
7) 전이정, 「여성영웅소설연구 : 서사 단위와 구성 원리를 중심으로」, 서울시립대학교 대학원 박사학위논문, 2009.

이다. 이는 여성 영웅소설의 개념이나 범주에 대해 연구자마다 견해 차이가 있기 때문이다. 여성 영웅소설을 어떻게 정의하는지에 따라 여성 영웅소설 유형에 포함될 작품과 그렇지 않은 작품이 달라질 것이고, 이러한 유형의 소설이 지닌 의의나 의미 해석도 달라질 수 있다. 예를 들어 〈박씨전〉의 경우에는 그 능력의 획득 과정과 발휘 방식에서 다른 작품과 달라 연구자에 따라서는 여성 영웅소설 논의에 포함하지 않기도 하고, 〈금방울전〉의 경우에도 금방울의 정체가 과연 여성인가 등의 문제에 대한 관점이 어떠한가에 따라 여성 영웅소설 분류에 들어가지 않기도 한다.[8]

---

[8] 이에 대한 전이정의 분석을 참고할 만하다(전이정, 위의 글).
"이렇듯 여성 영웅소설의 범주는 논자들에 따라 그 편차가 매우 큼을 알 수 있다. 또한 특정 텍스트를 범주에 포함시킬 것인가 하는 문제에도 이견이 존재한다. 우선 「박씨전」이나 「황부인전」, 「운향전」과 같은 작품들은 여주인공이 '영웅적인 활약'을 보인다는 데에서 공통적이지만 이들 작품들을 여성영웅 소설로 범주화하는 데에는 이견이 보인다. 다음으로 영웅소설로 분류되고 있는 「이대봉전」이나 「황운전」에서는 여주인공이 남주인공과 대등한 비중으로 활약하고 있는데 이들을 여성 영웅소설으로 분류할 수 있느냐는 문제가 제기된다. 마지막으로 입공(立功) 과정이 축소되고 가정 갈등이나 결연의 요소 등 '입공 이후의 과정'이 부각되어 있는 텍스트는 과연 어느 정도까지가 여성 영웅소설인가에 이견이 존재한다. 이러한 문제는 '여성 영웅소설'의 범주적 특성과 서사 구성 원리에 대한 논의가 없이는 해명할 수 없는 문제로 여겨진다."

여성 영웅소설의 유형 분류와 그 특징에 대해서는 다음을 참조할 만하다.9)

"여성 영웅소설들은 여성의 현실적 상황에 대한 인식과 그 해결을 위한 모색의 과정 및 결과를 반영한다고 볼 수 있는데, 이러한 여성 조건에 대한 인식과 여성의 자아실현에의 의지를 '여성의식'이라는 개념으로 요약할 수 있다. 그리고 여성 영웅소설은 이러한 여성의식의 실현양상에 따라 세 유형으로 나누어서 살펴볼 수 있다. 첫번째 유형10)은 여성주인공이 남성을 대리인으로 내세워서 자신의 능력을 드러내는 경우이다. 여성이 전면에 나서지 않고 남성의 배후에서 그를 도와 자신의 능력을 발휘하는 소설들이 이에 속한다. …(중략)… 두번째 유형11)은 여성주인공이 스스로의 의지에 따라 남장을 한 후 직접 공적인 영역에 진출하여 영웅적 능력을 발휘하나, 자신의 정체가 밝혀진 후에는 이전의 지위를 유지하지 못하고 다시 가정으로 돌아가는 경우이다. 이 유형의 소설들에서는 여성이 남장이라는 수단을 통해서 남성주인공과 대등하게 영웅적 활약을 보이며 자신의 사회적 성취욕을 실현시키지만, 그 정체가

---

9) 정병헌, 이유경, 『한국의 여성영웅소설』, 태학사, 2012.
10) 이 유형에 속하는 작품으로 〈박씨부인전〉, 〈금방울전〉, 〈신유복전〉, 〈황부인전〉 등을 들고 있다.
11) 이 유형에 속하는 작품으로는 〈김희경전〉, 〈이대봉전〉, 〈옥주호연〉, 〈황장군전〉, 〈이봉빈전〉 등을 제시하고 있다.

드러난 후에는 더 이상 사회 활동을 하지 못한 채 다시 가정의 영역으로 돌아오게 된다. …(중략)… 세번째 유형[12]은 남장을 한 후 영웅적 활약을 보인 주인공이 여성으로서의 정체가 탄로 난 후에도 공적인 영역에서 자신의 능력을 인정받고 그동안 획득한 지위를 계속해서 유지하는 경우이다. 이 유형의 소설들에서는 여성의 능력이 남성에 비해 월등히 뛰어나며 여성주인공의 사회적 성취욕도 매우 강하게 나타나는데, 이로 인해서 상대적으로 무능한 남성과의 대립(성 갈등)이 나타나기도 하고 여성을 배제하는 남성 중심의 사회체제에 대한 강한 비판과 거부, 그리고 그에 따른 여성으로서의 자의식이 구체적으로 나타난다."

이 설명에 따르면 〈정수정전〉은 세 번째 유형에 속한다. 말하자면, 〈정수정전〉은 다른 여성 영웅소설에 비해 여성 영웅의 능력이 남성보다 월등히 뛰어나게 형상화되고 있다. 그래서 상대적으로 남성 인물이 여성 인물보다 평범하거나 못나 보이게 하는 효과를 가져온다. 이는 여성의 사회적 활동에 대해 긍정적으로 인식하면서 동시에 남성에 비해 제약을 받는 사회 현실을 넘고자 한 의식을 보여 주었다고 할

---

[12] 이 유형에는 〈홍계월전〉, 〈정수정전〉, 〈방한림전〉, 〈이학사전〉에 속하는 것으로 제시되어 있다.

4. 누구보다 잘할 수 있다, 정수정 : 〈정수정전〉

수 있겠다.

이 글에서는 〈정수정전〉이 여성 영웅소설인가 혹은 여성 영웅소설로서의 특징이 무엇인가에 대한 분석보다는 정수정의 고난과 극복 과정에 초점을 두고 논의하기로 한다. 그리고 주된 자료는 경판 16장본으로 삼고 세창서관본을 함께 참고하도록 한다. 〈정수정전〉의 주요 서사를 정리하면 다음과 같다.

> 송나라 태종 황제 시절에 병부상서 겸 표기장군 정국공이라는 재상이 있었다. 정 상서는 혈육이 없어 근심하였는데 어느 날 부인이 벽련화 한 가지를 두 선녀에게서 받는 꿈을 꾸고 아이를 가졌다. 아이를 낳을 때 선녀가 딸 이름을 수정이라고 하여 정 상서는 그렇게 하고 키하게 길렀다.
>
> 이때 장운이라는 이부상서는 연이라는 아들이 두었는데 모습과 행실이 훌륭하였다. 정 상서가 장 상서의 초대를 받아 집에 놀러 갔다가 그 아들 연을 보고 정 상서가 청혼하고, 장 상서가 허락하여 서로 신물을 나누어 정혼하였다.
>
> 이때 마침 태종의 탄일이 되어 조회를 하는데, 정 상서가 병으로 참여하지 못하자, 진공이 정국공을 간악하고 수상한 사람으로 모함한다. 태종은 이를 듣고 정 상서를 절강으로 키양을 보낸다. 정 상서는 소인의 무리를 없애지 못하고 오히려 해를 입는 것을 원통해 하며 키양을 간다. 키양지에서 정 상서는 슬

퍼하며 세월을 보내다가 세상을 떠나는데, 이때 수정의 나이는 열한 살이었다. 부인 양씨는 장례 후 갑자기 병이 들어 죽게 된다.

부모 없이 홀로 사는 수정을 장 상서가 불쌍히 여겨 자주 왕래하며 안부를 확인했었는데, 오래지 않아 장 상서마저 죽는다. 아무도 의지할 사람이 없게 된 수정은 남복을 하고 무예를 닦는다.

한편 장연은 과거에 응시해 급제하여 한림학사를 제수받는다. 수정도 정국공의 아들로 과거에 응시하여 급제한다. 정수정이 정국공의 아들이라 하자 진량이 정국공에게는 아들이 없다며 의심하자 정수정은 자신의 부친을 모해하여 죽게 하였다고 울부짖는다. 황제는 진량이 간흉함을 깨닫고 강서로 키양을 보내고, 정수정에게는 한림학사 겸 간의태부에 제수한다. 장연이 정수정을 만나자 이전에 부친끼리 맺었던 혼약을 지키겠다고 한다. 정수정은 장연에게 정혼한 사람은 자기의 누이이며 죽었다고 한다. 이후 장연은 위 승상의 딸과 혼인한다.

한편 북방의 오랑캐가 침범하여, 정수정은 대원수 겸 대도독을 제수받는데, 장연을 부원수로 추천하여 정수정과 장연이 함께 출전한다. 정수정이 이끄는 군대가 기주에 이르러 호장 마웅의 군대를 맞이하여 정수정이 크게 이긴다. 마웅이 패잔군을 모아 진을 치고 대적하자, 정수정이 전략으로 마웅을 죽이고 항복을 받아낸다. 정수정이 호적을 멸하고 황성으로 돌아온다.

정수정은 공을 인정받아 이부상서 겸 총도독청주후를 받고, 장연은 태학사 겸 부도독기주후에 봉해진다. 그런데 천자가 정수정과 장연을 부마로 삼고자 한다. 정수정은 어쩔 수 없이 자신의 내력과 원래 여자였음을 천자에게 고한다. 천자는 놀라면서도 정수정의 능력이 뛰어났으나 여자임이 탄로났으니 어쩔 수 없다 하고 모든 직임을 환수하고 식읍만 남긴다. 그리고 정수정과 장연이 이전에 혼약한 사이였다는 것을 알고 혼례를 명한다. 또한, 장연에게 공주와 혼인하도록 하여 부마로 삼는다.
　혼인한 정수정은 여인으로서의 삶을 보내게 되는데, 장연의 총희 영춘이 정수정을 보고서도 움직이지 않는 무례를 서시드자 정수정이 영춘에게 매질한다. 이 일로 정수정은 시어머니 태부인에게 꾸지람을 듣고, 정수정의 시비는 정수정 대신 매질을 당하니 정수정이 매우 불쾌하게 여긴다. 그후 정수정이 다른 두 부인과 함께 양춘각에 이르렀는데 이미 와 있던 영춘이 다시 예전과 같은 무례함을 보이자 영춘의 목을 베도록 하고 궁중에 순시한다. 이 일로 정수정이 장연, 태 부인과 심각한 갈등을 일으키게 된다. 정수정은 청주로 돌아가 버리고, 군사를 훈련하고 무예를 단련하며 지낸다.
　한편, 전쟁에 패한 호나라 군대의 철통골이 호왕에게 돌아가 보고하자, 마웅의 동생 마원이 나서서 군대를 이끌고 다시 침범한다. 천자는 정수정이 아니면 대적할 장수가 없다고 보고 여자임에도 명하여 다시 전쟁에 나가도록 한다.
　전쟁에 나간 정수정은 계교를 생각해 내어, 장연에게 전장으로 대령할 것을 군법으로 명하며 군량을 기한 내에 수송하도록 한다. 장연은 전장으로 오기는 하였으나 군량이 제때에 도착하지 않아, 정수정은 군령을 어긴 죄로 장연을 벌한다. 전쟁에서 승리한 수정은 돌아오던 중 진량이 있는 곳을 찾아가 잡아오도록 하여 자신의 부친을 모해한 죄로 목을 벤다. 천자는 정수정을 맞이하여 칭찬하고 좌각로 평북후를 봉한다.

장연이 돌아와 태부인께 있었던 일을 고하니 통분해 하는데, 두 부인이 위로하며 화내지 말라고 하자 청주로 편지를 보낸다. 편지를 보고 정수정이 기뻐하며 돌아가 화목하게 잘 지낸다. 이후 부키영화를 누리며 여러 자녀를 두고, 장연과 정수정은 태평을 누리다가 75세에 구름에 싸여 승천했다. 자손이 대대로 벼슬이 끊이지 않고 충효열절이 떠나지 않는다.

〈정수정전〉은 정수정이라는 여성 인물이 비범한 능력으로 남성 인물 장연을 압도하는 활약을 펼치는 이야기라 할 수 있다. 전체적인 서사 전개에서 볼 수 있듯이 정수정은 성장하면서 맞이하게 된 고난을 과감하면서도 용맹하게 극복해 내고 있다. 다음에서 정수정에게 닥치는 고난의 성격과 정수경이 고난을 극복하는 방식에 대해 살펴보도록 한다.

정수정은 어떤 고난을 겪었을까?

➤ 가문이 위기에 빠지다

정수정의 집안은 국가의 대단한 재상집으로 명망이 높고 세상 사람들에게 공경 받는 훌륭한 가문이다. 그런데 한 가지 문제가 자손이 없다는 것이었다. 얼마나 간절히 자식을 기다렸는지 부인을 하나 더 둘지를 고민할 정도였다.

> 학설. 송나라 태종황제 시절에 병부상서 겸 표기장군이었던 정국공이란 재상이 있었는데, 문무를 두루 갖추어, 조야에서 공경, 추앙하며 명망이 그 시대 최고였다. 다만 슬하에 일점혈육(一點血育)이 없어 슬퍼하였다. 일일은 공이 그 부인 양씨를 대하여 왈,
> "우리 부귀가 세상에서 으뜸이지만, 조상 향화를 어찌하면 좋겠소. 내 벼슬이 공후에 있으니 족히 두 부인을 둠 직한지라. 행여 아들을 낳으면 후사를 이을 것이니, 부인 소견이 어떠하오?"

정 상서는 권력이나 명예나 모든 것을 갖추어 부러울 것 없는 사람이었지만 한 가지, 자식이 없었던 것이다. 조선 시대 사대부 가문에서 자식이 없다는 것은 가문이 계승되지 못하고 멸절된다는 것을 의미한다. 그러니 부인을 더 얻어

서라도 자식을 낳아야 하지 않겠는가 하는 말을 하게 되는 것이다. 활자본에서는 정국공이 자식을 얼마나 기다리는지 다음과 같이 서술하고 있다.

> 화설. 송나라 태종 황제 즉위 십삼 년에 한 재상이 있으니 성은 정이요, 이름은 흠이라. 문장과 무용을 겸비했기에 일찍 등과하여 벼슬이 일품에 이르러 병부상서 겸 표기장군 정국공을 더했더라. 원래 국공의 위인이 순후하고 강직하여 명망은 조야가 칭송하고 부귀는 일세에 그릴 것이 없으되 다만 슬하에 일점혈육이 없으니 그 아니 가련한가. 그러므로 매양 슬퍼하여 때 없는 한숨과 하염없는 눈물이 간혹 옷깃을 적시더라. …(중략)… 공의 슬퍼함을 보고 자연 심회가 좋지 못하여 눈물을 머금고 공을 위로하여 가로되
> "상공의 무후(無後)함은 다 첩의 죄라. 옛말에 이르기를 오형(五刑) 중에 무후함이 크다 하였으니 첩의 죄를 의론할진대 벌써 내침 직하오나 상공의 넓으신 덕택으로 오늘날까지 용납하신 은혜는 태산이 가벼울지라. 다시 할 말 없거니와 바라건대 상공은 벼슬이 공후에 거하신지라. 족히 두 부인을 둠 직하오니 행여 아들을 낳으면 후사를 이을지라. 그러면 첩에게도 이만큼 다행함이 없사오니 바라건대 상공은 살피소서."
> 말을 마치며 옥 같은 두 눈에 눈물이 종횡하는지라.(활자본 <정수정전>)

위에서 보듯이 활자본 〈정수정전〉에서는 정 상서의 이름이 정흠이라는 것이 제시되고, 정흠의 자식 없음에 대한 한탄과 슬픔이 훨씬 더 강조되고 있다. 그렇지만 경판본에서처럼 부인을 더 얻어서라도 후사를 잇겠다는 말을 정국공이 하지 않고, 양씨 부인이 하고, 다른 작품에서 흔히 볼 수 있는 기자치성을 올리기도 한다. 이러한 차이에도 불구하고 분명한 것은 정 상서 부부가 너무나 간절히 아들을 원했다는 것이다. 그러다가 부인이 졸다가 꿈에 옥황상제가 보낸 벽련화를 두 선녀에게서 받고 정수정을 낳게 된다. 이렇게 귀하게 얻은 명문가의 딸인 정수정이라면 무탈하고 다복하게 잘사는 것이 당연할 것 같다. 그렇지만, 정수정의 부친이 모함을 받으면서 집안이 몰락하게 되고, 정수정은 천애고아로 살아가게 된다.

> 이때 마침 태종의 탄일이 되었다. 만조가 모두 조회하는데, 마침 정 상서가 병이 있어 상소하고 참여하지 못하였더니, 황제가 백관에게 물었다.
> "정 상서의 병이 어떠하더냐?"
> 하시고 사관을 보내려 하시니, 진공이 나서며 아뢰기를,
> "정국공은 간악한 사람이라 그 병세를 신이 자세히 아나이다. 정국공이 요사이 탑전(榻前)에 조회하는 것이 다르옵고,

신이 정국공의 집에 가오니, 정국공의 말이 수상하옵더니, 오늘은 조회에 불참하였사옵니다. 이는 반드시 사사로운 생각이 있을 줄 아나이다." …(중략)…

상이 매우 의아스럽게 여기사, 절강에 키양을 정하시니, 중관이 명을 듣고 정국공의 집에 나아가 하교를 전하니, 상서가 하교를 듣고 대성통곡하며 이르기를,

"내 일찍이 국은(國恩)을 갚을까 하였는데, 소인의 참언(讒言)을 입어 이제 키양을 가게 되었으니 어찌 애달프지 않으리오."

하고 칼을 빼어 책상을 치며 이르기를,

"소인의 무리를 없애버리지 못하고, 도리어 해를 입으니 누구를 원망하리오."

하며 체읍(涕泣)하기를 마지않으니, 부인은 애원통도(哀怨痛悼)하고 친척노복이 다 서러워하였다.

정수정의 집안에 닥친 위기는 부친인 정 상서가 진량의 모함을 받아 귀양을 가게 된 것이다. 정수정의 부친은 충성스러운 신하였으나 진량은 정 상서가 수상하고 사사로운 생각으로 천자를 배반할 것이라고 모함한다. 그리고 천자는 진량의 의견에 동하여 명백한 죄가 드러나지 않았음에도 정 상서를 유배 보낸다. 정수정의 부친이 귀양을 가게 된 것만으로도 가문에 위기가 닥친 것이라 할 수 있겠지만, 부친의

죽음을 맞음으로써 가부장의 부재 위기를 겪게 되고 끝내 모친도 죽음에 이름으로써 정수정은 홀로 남게 된다.

> 이때 부인과 소저는 정 상서와 이별하고 눈물로 세월을 보내고 있었다. 그런데 하루는 문득 시비가 고하기를,
> "절강 사람이 왔나이다."
> 하는 것이었다. 부인이 급히 불러 물으니, 그 사람이 아뢰기를,
> "서로신께서 지난달 보름께에 돌아가셨습니다."
> 하는지라. 부인과 소저가 이 말을 듣고 한 마디 소리 내고 혼절하니, 시비 등이 창황망조(蒼黃罔措)하여 약물로 급히 구하였다. 오랜 후에야 숨을 내쉬며 눈물을 비 오듯 흘리니 이때 소저의 나이가 열한 살이었다. 일가가 모두 통곡하며 산천이 다 슬퍼하였다. …(중략)… 이때 부인과 소저가 주야로 애통하며, 상서의 영구(靈柩)가 돌아오기를 기다리더니, 홀연 부인이 득병하여 위독(危篤)한지라. …(중략)…
> "상공의 시신을 미처 거두지도 못하였는데 나 또한 죽기에 이르니, 나 죽기는 섧지 아니하거니와, 네 경상(景狀)을 생각하면 구천의 원혼이 되리로다."
> 하고 슬프게 부르짖는 한마디에 생명이 다하니

위 장면에서 정수정이 부친과 모친을 차례로 잃는 과정

을 볼 수 있다.13) 멀리 귀양 가 계시던 아버지의 부고를 뒤

---

13) 활자본에서는 정수정의 모친 양씨 부인이 죽지 않고 살아서 고난을 받는 과정이 매우 현실적으로 그려진다. 이는 정수정의 고난과 함께 가문의 몰락으로 겪는 여성의 고난을 잘 형상화하기 위한 시도로 보인다. 김대곤은 이에 대해 활자본에서는 가족의 이합 과정을 새로이 설정하여 서사를 달리하고 있다고 분석했다(김대곤, 「활자본 여성영웅소설 연구」, 동의대학교 대학원 석사학위 논문, 2012.).
활자본 〈정수정전〉의 전반부 줄거리를 다음과 같이 정리했다.
① 정흠이 진량의 모함으로 유배되다.
② 정흠이 유배지에서 죽자 황제가 왕후의 예로 장례를 지내게 하나, 진량이 참소하여 무산시킨다.
③ 양 부인이 정흠의 시신을 수습하기 위해 유모와 정수정을 데리고 유배지로 향하다.
④ 양 부인 일행이 배를 타고 유배지로 향하던 중 수적(水賊)을 만나, 양 부인은 수적에게 잡혀가고 정수정과 유모는 배에 남게 되다.
⑤ 이춘보(정흠의 충노)와 호철(정흠에게 도움을 받은 인물)이 수적들에게서 양 부인을 구하다.
⑥ 양 부인과 이춘보가 정흠의 무덤가에 집을 짓고 지내다.
⑦ 정수정과 유모가 양 부인을 찾아 헤매다가 군산 칠보암 여승을 만나 의탁하다.
- 중략 -
⑧ 정수정이 장연과 군병(軍兵)을 먼저 황성으로 보내고, 자신은 부친의 시신을 운구(運柩)하기 위해 유배지로 향하다.
⑨ 수정이 부친의 무덤을 찾아갔다가 모친 양 부인과 재회하다."

이와 같은 서사 단락에서 활자본에 새로이 삽입된 이야기를 확인할 수 있는데, 김대곤은 이 부분이 필사본이나 방각본에는 전혀 없는 내용이라고 평가하고 후반부에서 이러한 가족의 이합 양상이 한번 더 나타난

늦게 듣고 슬퍼하던 중 죽은 부친의 관이 오기도 전에 모친도 죽은 것이다. 연이은 부모의 죽음은 열한 살 어린아이인 정수정에게 큰 충격인 동시에 고아로 외롭게 힘들게 살아야 하는 험난함의 시작이라 할 수 있다. 뿐만 아니라 정수정을 자주 들여다보고 보살펴 주었던 부친의 친구인 장 상서마저 죽으니, 정수정은 더욱 의지할 곳이 없게 된다.

> 이때 장공이 정 상서 부인마저 죽었다는 것을 듣고, 소저의 가엾은 사정을 불쌍히 여겨 자주 왕래하며, 소저의 안부를 찾아 묻기도 하였다. 그런데 오래지 아니하여 장공 또한 득병하여 마침내 세상을 버린지라.
> 소저가 이 소식을 듣고 깊이 탄식하기를,
> "우리 부친 살아계실 때 언약을 굳게 하고, 서로 신물(信物)

다고 하고 다음과 같이 서사 단락을 정리했다.
① 진량과 만왕이 양 부인을 사로잡다.
② 진량과 만왕이 정수정의 항복을 받기 위해 양 부인에게 편지를 쓰게 하다.
③ 양 부인이 편지 쓰기를 거부하다가 감옥에 갇히다.
④ 만왕이 거짓으로 꾸민 편지를 써 정수정에게 항복을 요구하다.
⑤ 정수정은 편지가 양 부인의 친필이 아님을 알지만, 양 부인이 적국에게 사로잡힌 사실을 알고 관직에서 물러나려고 하다.
⑥ 한복이 옛 고사를 통해 정수정을 설득하다.
⑦ 정수정이 만왕과 진량을 사로잡고 양 부인을 구출하다."

을 주고받았으니, 나는 곧 그 집 사람이라. 내 팔자가 실로 기구하여, 장 상서 또한 세상을 버리시니, 어찌 살기를 도모하리오."

정수정은 장 상서의 죽음을 듣고 자신의 팔자와 험악한 인생길을 한탄한다. 그것은 장 상서의 죽음이 자기 부친의 죽음과 같은 의미를 지니기 때문이다. 정수정의 부친과 장 상서는 이미 오래전에 자신들의 자녀들을 혼인시키기로 약속했기 때문에, 정수정은 이미 장 상서의 며느리나 다름없다는 의식을 드러낸 것이다. 이렇게 정수정은 양친 부모가 다 돌아가시고, 시아버지가 될 장 상서마저 세상을 떠나자 자신의 팔자가 험악하다고 탄식하게 된다. 그 상황은 "어찌 살기를 도모하리오."라 말하는 데에서 볼 수 있듯, 더 이상 삶을 지속할 수 없을 정도의 험난함을 드러낸다.

정수정은 정혼자가 있어도 혼례를 하지 못한 상황에서 부친의 귀양과 죽음, 잇따른 모친의 죽음과 장래 시아버지의 죽음까지 이어지는 가문의 위기와 몰락을 여인의 몸으로 홀로 감당해야 하는 처지가 되었다. 이것은 정수정에게 이미 고난이 닥쳤으며, 앞으로의 길이 보이지 않을 만큼 막막함을 말해 준다.

➤ 사대부가 며느리로 살기

 정수정이 여성으로서의 삶에 곤란을 느끼게 되는 것은 남성 정체성을 버리고 다시 여성으로 살기 시작하면서부터이다. 앞으로 살펴보겠지만, 정수정이 남자로 살게 된 것은 자신에게 닥친 고난을 극복하기 위한 것이었다. 그렇지만 정수정이 너무 뛰어난 활약을 보임으로써 오히려 곤경에 처하게 된다.

> "청주 후 정수정과 장연을 부마로 삼고자 하나니, 경등의 뜻이 어떠한가?"
> 제신이 일시에 임금의 명령이 마땅함을 아뢰거늘, 상이 청주 후를 불러 이르기를,
> "짐에게 한 공주가 있으니 경으로 부마를 삼노라."
> 정수정이 듣고 혼비백산(魂飛魄散)하여 땅에 엎드려 아뢰기를,
> "신이 미천한 몸으로서 어찌 금지옥엽과 짝을 하겠습니까. 만만 불가하오니, 임금께서는 하교를 거두사 신의 마음을 편케 하소서."
> 상이 웃으며 이르기를,
> "고사하는 것은 짐의 두터운 은혜를 저버리는 것이라. 다시 고집하지 말라."

정수정이 오랑캐도 무찌르고 활약하니 임금이 부마로 삼으려 한다. 이러한 명령은 정수정에게는 영광이 아니라 청천벽력 같은 일이다. 정수정이 얼마나 놀랐는지, 혼비백산 하였다 한다. 이렇게 임금의 부마 명령은 정수정이 자신이 여성임을 고백하게 하는 계기가 된다. 그래서 정수정은 모든 직급을 회수당하고 이전에 부친 간에 있었던 약속 때문에 장연과 혼인하게 되는 것이다.

문제는 정수정이 더 이상 남성으로서 활약하지 못하게 되면서부터 심각해진다. 그 이유는 정수정이 이미 너무 오랫동안 여성으로서의 정체성 없이 살았기 때문이다. 게다가 정수정은 여인의 모습으로 장연과 혼례를 올리게 되는데, 이것이 마냥 좋은 일은 아니다. 비록 정수정의 부모와 남편 장연의 부친이 세상을 떠났지만, 이미 혼약이 있었던 사실이 확인되면서 천자의 허락을 받아 혼인을 한 것으로 당사자들의 결정이 아니기 때문이다. 그리고 이미 정수정과 장연은 상하관계로, 남편인 장연이 정수정의 수하에 있었으며, 이런 관계에 대해 장연이 별로 좋아하지 않았음을 다음에서 볼 수 있다.

이때 중군을 알리는 전령이 장 상서 부중에 이르니, 상서 마음이 매우 좋지 않으나, 이미 국가의 대사요, 군중의 호령이니,

장군의 명령을 거역하지 못하여 모부인께 하직하고, 갑주를 갖추어 말에 올라 교장에 나아갔다. 원수는 갑주를 갖추고 장대에 높이 앉아 장연을 불러들이니, 장연이 들어와 군례(軍禮)로 꿇어 뵈는 것이었다.

원수가 내심 반갑고 우습기는 하나, 외모를 엄정히 하여 말했다.

"이제 적의 형세가 급하니, 내일 행군하여 기주로 갈 것이다. 그대는 해 뜨는 시각에 군사를 영솔하여 대령하되, 군중은 사사로운 정이 없으니 유념하라."

하니 중군이 명령을 받들고 물러났다.

정수정은 자신이 군중으로 대원수가 되어 출정하는 자리에서 장연을 부하로 부른 것이다. 이 자체로도 장연은 마음이 별로 좋지 않았는데, 뒤에 정수정이 정작 자신이 혼인할 여인이었다는 것을 알았을 때에는 더욱 기분이 나빴을 것이다. 게다가 이 장면은 정수정이 남장을 하고 장연을 속이고 있으면서도 윗사람으로서 명령을 내리는 것이어서 훗날 장연이 기억하였다면 감정이 좋지 않을 수밖에 없다.

이러한 일들이 이미 있었기에 천정지연으로 만나 결혼한 것처럼 보이는 장연과 정수정 부부는 결혼 생활도 순탄치가 않다. 그것은 남편 장연과 시어머니 태 부인이 아끼는 영춘이라는 총희 때문이다.

이때는 삼춘가절이라. 정수정이 시비를 데리고 후원에 들어가 풍경(諷經)하다가 부용각에 이르렀다. 그런데 장연의 총희 영춘이 부용각 연못가에 걸터앉아 발을 못에 담그고 무릎 위에 단금을 얹어, 곡조를 희롱하며 정수정을 보고도 영접하지 않는지라. 정수정이 대로하여 꾸짖기를,

"공후 장상이라도 나를 감히 업신여기지 못하거든, 너 같은 천한 것이 어찌 나를 보고도 일어서지 아니하느냐!"

하고 즉시 돌아와 황관을 벗고 융복을 갖추어 입은 후에, 진 시회를 불러 영춘을 잡아 오라 하여 아래에 꿇리고 정수정이 꾸짖기를,

"네가 장연의 총애를 믿고 방자, 무지하여 집안의 부인을 모욕하니, 그 죄가 가히 머리를 베어 다른 사람에게 경계할 것이로되, 남편의 낯을 보아 약간 꾸짖노라."

하고 곤장 이십 도를 치도록 하고 침실로 돌아왔다. 이때 태부인이 정수정이 오만함을 불편하게 여기던 차에, 이를 보고 대로하여 장연을 불러

"영춘이 비록 잘못이 있으나 내가 신임하는 종이거늘, 정수정이 내게 여쭈지도 아니하고 임의로 벌을 주니, 어찌 제가 하는 법도(法道)라 하겠느냐."

장연이 돈수 사죄하고 외당에 나와 정수정의 시비를 잡아다가 죄를 주어 "정수정의 죄로 맞아라." 하고 곤장을 쳐 벌하니, 정수정이 매우 불쾌히 여겼다.

4. 누구보다 잘할 수 있다, 정수정 : 〈정수정전〉

이 장면은 정수정이 장연의 총희 영춘을 꾸짖고 곤장을 침으로써 장연과 태 부인 모두와 갈등하게 되는 사건이다. 이 사건의 표면적 문제는 영춘이 집안의 부인인 정수정을 보고서도 예를 갖추지 않았다는 것으로, 벌 줄 만한 일이기도 하다. 그런데 왜 이런 일이 일어났는지에 대해 생각해 보면, 정수정의 시집살이가 녹록하지 않은 데에서 찾을 수 있다.

특히 경판본 〈정수정전〉의 서사 전개에서 정수정과 장연이 혼인에 이르기까지의 과정을 살펴보면, 이 남녀 주인공의 만남이나 결연에 연연한 정이나 사랑의 감정을 찾아보기 어렵다. 오히려 정수정과 장연은 부친들 사이에 있었던 약속을 이행하는 것이 인생의 의무인 것처럼 실행한다. 그리고 여자 정수정은 장연과 함께 동등한 남성의 입장에서 함께 위험한 전쟁도 치르고 관직 생활도 같이 하였는데 우정이 두터워진 것 같지도 않다. 앞서도 보았듯이 이미 계급상 상하 관계로 만났던 사이이기에, 사회에서는 장연보다 우위에 있었던 정수정이 장연에게는 껄끄러웠을 수도 있고, 정수정의 입장에서도 불만스러웠을 수 있다.

게다가 정수정은 장연의 유일한 부인이 아니라 세 부인 중 한 명일 뿐이다. 장연은 정수정보다 먼저 위 승상의 딸과 혼인하였고, 공주와도 혼인하여 장연은 부마이기도 한데, 정수정까지 부인으로 맞았으니, 정수정과 장연의 부부 관계가 얼마나 돈독한지는 알 수가 없다. 이런 상황에서 영춘이라는 총희의 존재와 영춘이 정수정에게 무례하게 구는 행동들은 정수정의 사대부 며느리로서의 생활에 시련이 있을 것임을 시사한다. 이는 다음의 사건에서 극대화되어 표출된다.

> 이때 정수정이 대취하여 공주와 원부인을 이끌어 양춘각에 이르러 술을 깨고자 하였다. 이때 영춘이 이미 누에 올라 삼부인이 올라감을 보고 안연히 난간에 의지하여 앉아 경치를 구경하며, 조금도 예를 갖추지 아니하였다. 정수정이 이를 보고 분노를 이기지 못하여 돌아와 융복을 갖추어 입은 후, 외헌에 나와 진시회에 명하여 영춘을 잡아 오라 하니, 진시회가 군사를 시켜 영춘을 잡아 꿇렸다.
> 정수정이 크게 꾸짖기를,
> "지난번에 너를 죽일 것이었지만, 내가 십분 용서하였거늘 너는 종시 조금도 거동이 없으니 어찌 통한하지 않겠는가. 이제 네 머리를 베어 간악하고 교태나 부리는 여종 등을 징계하리라."
> 하고 무사를 호령하여 영춘을 베라 하니, 이윽고 영춘의 머리를 올렸다. 정수정은 좌우로 하여금 궁중에 순시하니, 궁중 상하가 크게 놀라 태 부인께 고하니, 태 부인이 대경하여 즉시

장연을 불러 크게 꾸짖기를,

"네 벼슬이 공후임에도 한 여자를 제어하지 못하고, 어찌 세상에서 행동하겠는가. 자부가 되어 내가 신임하는 시비에게 곤장을 치는 것도 가하지 않은데, 하물며 참수지경(斬首地境)에 이르니, 이는 다른 사람이 알게 해서는 안 될 일이라."

하였다. 장연이 면관돈수(免冠頓首)하고 물러 나와, 정수정이 신임하는 시비를 잡아내어, 무수히 곤책(棍策)하고 죽이고자 하거늘, 공주와 원부인이 힘써 간하여 그쳤다. 이후로부터 장연이 정수정을 불편하게 여겨 푸대접하는 일이 많은지라. 정수정은 조금도 상관하지 않았다.

일일은 정수정이 진시회를 불러 분부하되,

"내 이제 청주로 가려 하니 군마를 대령하라."

하고 내당에 들어가 태 부인께 하직을 고하니 태 부인 벌컥 성을 내고 이르기를,

"어찌 예고도 없이 가려 하느냐?"

정수정이 답하기를,

"봉읍이 중대하옵고, 군마가 급하였기로 돌아가려 하나이다."

하고 공주와 부인을 이별하고 외당에 나와 위의를 재촉하여 청주에 돌아와 좌정하고 전령하여 삼군을 호상하여 무예를 수습하여 불의지변(不意之變)을 방비하였다.

정수정이 장연이 아끼는 영춘을 무도함을 이유로 목을 벰으로써 장연과 태 부인 모두와 불편한 관계가 되고 만다.

위에서 보듯이, 이 사건 이후로 장연은 정수정을 멀리하였고, 태 부인도 정수정의 이러한 행동 때문에 분노한 것으로 보인다. 이러한 일련의 사건은 그 전말을 살펴보면 정수정이 과연 그렇게 대응했어야 하는가의 문제에 대해서는 논란의 여지가 있을지 모르나, 정수정의 입장에서 보면 장연 집안에서 정수정의 위상이 확고하지 않고 가장인 장연과의 관계도 원만하지 않은 것이 근본적인 문제라 할 수 있다.

앞으로 살펴보겠지만, 정수정은 여성으로서 살기보다는 남성으로서 사회를 경험하고 활약하였다는 점에서 조선 시대 여느 여성과 동궤에 놓기 어렵다. 이러한 정수정의 어려움 혹은 특수성을 고려한다면 정수정이 장연의 부인, 태 부인의 며느리로 살아내기는 매우 힘들 수밖에 없다. 정수정은 남성이 가져야 할 지식과 문화 소양은 익혔지만, 여성이 익혀야 할 가정의 예절이나 규율은 학습하지 못한 어려움이 있는 것이다.

정수정은 어떻게 고난을 극복했을까?

➤ 남자로 살다

정수정의 고난은 부친이 귀양살이를 가고 모친도 세상을 떠나면서 시작되었다. 그리고 자신을 돌봐 주던 장 상서까지 죽게 되자 정수정은 앞으로 어떻게 살아갈지 고민한다. 이때 정수정은 겨우 열한 살 넘은 나이로 아직은 어려서 가문을 이끌거나 자신의 삶을 스스로 헤쳐 나가기 힘든 시기라 할 수 있다. 앞서도 확인하였듯이 정수정은 장 상서의 죽음을 맞이하고서는 자신의 안위와 미래를 걱정하는 상태가 된다. 그런데 정수정은 그대로 절망하는 것이 아니라 나름대로 방책을 세운다.

> 문득 한 계교를 생각하고 유모를 불러 의논한 후, 항상 남복을 개착하고 밤이면 병서를 읽고 낮이면 말달리기와 창 쓰기를 익히니 용맹과 지략이 세상에서 견줄 사람이 없을 정도로 뛰어나더라.

위에서 보듯이 정수정은 스스로 삶을 헤쳐 나가기 위한 계교를 생각하여, 항상 남자 옷을 입기로 하고 밤낮으로 남자들이 배우는 글과 훈련을 익힌 것이다.[14] 이는 정수정이

---

[14] 정수정의 경우, 스스로 남자 옷을 입고 남자로 살기로 했다는 점에 특징이 있다. 장시광은 다음과 같이 작품별 특징을 들어 비교하기도 하였다(장시광, 「여성영웅소설에 나타난 女化爲男의 의미」, 『한국고전여성문학연구』 2, 한국고전여성문학회, 2001.).
"여화위남의 목적을 중심으로 다섯 작품을 보면 〈정수정전〉은 부모의 복수를 위해서이고, 〈홍계월전〉은 점복에 의해서이다. 이외에 〈옥주호

당시의 사대부 남성들이 갖추어야 할 소양을 습득했다고 할 수 있을 것이다. 이러한 정수정의 노력은 결과적으로 남성으로서 살아갈 수 있는 바탕을 마련하는 길이 된다.

> 상이 허락하사 택일하여 과거를 베푸시니, 이때 정수정이 과거 기별을 듣고, 과거 시험에 필요한 도구를 차려 황성에 들어가니, 과거 일이 다다랐다. 과거 시험장에 나아가 글을 지어 바치고 나와 쉬더니, 상이 한 글장을 빼내시니, 문필이 탁월함을 크게 칭찬하시고, 봉해진 것을 떼어 보시니, 국공의 아들 정수정이었다. 즉시 인견하사 진퇴하신 후, 하교하시기를,
> "정국공이 아들이 없다 하였는데 이 같은 뛰어난 아들을 두었는지 몰랐도다."
> 하시고 의아해하시는데, 문득 진량이 아뢰기를,
> "정국공이 본래 아들이 없음을 신이 익히 아옵는 바라. 그러므로 정수정이 나라를 기망하여 정국공의 아들이라 하는 것이 오니 폐하는 살피소서."
> 하거늘 정수정이 제 부친을 해하던 진량인 줄 알고, 분노를 이기지 못하여 이르기를,
> "네가 국가를 속이고 대신을 모해하던 진량이냐? 무슨 원수를 졌기로 우리 부친을 해하여 만리 절역(絶域)에서 죽게 하고,

---

연〉, 〈이학사전〉, 〈방한림전〉은 입신양명의 뜻을 품고 자발적으로 남복을 개착한다."

이제 나를 또한 해하려 하여, 거짓을 더욱더 쌓는구나. 천륜이 얼마나 중한데, 무륜(無倫) 패상한 말을 군부지전에서 하는가. 이제 네 간을 씹고자 하노라."

하며 눈물을 비 오듯 흘리거늘, 상이 수정의 말을 들으시고 진량이 간흉함을 깨달으사,

"너 같은 것이 충성스럽고 선량한 신하를 애매하게 죽게 하니, 짐의 불명함을 뉘우치노라."

하시고 법관에게 명하여, 진량을 강서로 키양을 보내시고, 정수정을 한림학사 겸 간의태부에 제수하시니, 정수정이 사은하고 삼일 유가 후에 말미를 얻어 선산에 소분하고, 즉시 상경하여 천자에게 정숙히 사례하고 나오니

정수정은 남자 옷을 입고 글과 무예를 익히다가 과거에 응시하고, 급제하게 된다. 어느 여성이든 단지 남자 옷으로 바꾸어 입었다고 하여 당시의 사대부 남성으로서의 능력을 발휘할 수는 없다. 과거 급제는 여느 사대부가 쉽사리 성취할 수 없는, 관직 진출을 위한 매우 어려운 관문이다. 그런데 정수정은 스스로 남자 옷을 입고 지식을 습득하고 훈련하여 과거에 급제한 것이다.

앞서 논했던 〈매화전〉의 매화가 남장한 일에 대해 보았듯이, 매화는 자신을 보호하기 위해 남장을 계속 유지하기는 하였어도 과거에 응시하거나 과거 급제를 목표로 삼지는

않는다. 이는 매화와는 대비되는 것으로 정수정이 단순히 남자 옷을 입은 것이 아니라 남자로서의 정체성을 가지고 입신양명한 남자로서의 삶을 추구했다고 볼 수 있는 부분이다.

화설. 대명 가정 연간에 청주 땅에 한 사람이 있으니 성은 이이고, 명은 형도였다. 일찍이 등과하여 벼슬이 이부시랑에 이르니 이름이 조야(朝野)에 진동하며 일남(一男) 일녀(一女)를 두었는데, 여자아이의 이름은 현경이고, 남자아이의 이름은 연경이었다.

현경이 비록 여자이나 뜻은 남자보다 더하니 삼 세부터 글 읽기를 힘쓰매 재학(才學)이 날로 성취하여 나이가 팔구 세에 이르러서는 보지 못할 글이 없고 통하지 못할 글이 없어 문장이 세상에서 겨룰만한 사람이 없었다.

이공 부부 비록 그 재주를 사랑하나 너무 활달함을 염려하여 경계하여 말하기를

"네가 여자의 몸으로 여자의 도를 닦을 것인데, 남자의 일을 행함은 어찌 된 일이냐?"

현경이 공경하며 대답하기를

"사람이 세상에 처하매 임금을 충성으로 섬기고 어버이를 효도로 섬겨 공명을 일세에 누리고 이름을 백세에 전하는 것이 떳떳하온지라. 소녀가 비록 여자의 몸이오나 뜻은 세상에 용렬한 남자를 비웃을 정도이니 원컨대 여자 옷을 벗고 남자 옷을

개착하여 부모를 모시고 아들의 도를 행하고자 하나이다."
이공이 처음에는 망령되다고 꾸짖다가 다시 생각하되
'저 아이가 아직 철이 없어 이 같은 뜻을 두니 아직은 제가 하고자 하는 바를 쫓도록 하는 것이 낫겠다. 이후에 장성하면 저 스스로 부끄러운 마음이 있어 여자의 도를 행할 것이다.'
하고 금치 아니하매 소저가 이날부터 남복을 개착하고 시랑을 모셨으니 모든 사람이 이르기를 이형도의 아들이라 하여 그 얼굴과 풍채를 사랑하고 여자가 변하여 남자가 된 것을 알지 못하더라.(활자본 <이학사전>)

〈이학사전〉의 이현경의 경우에는 스스로 남자보다 높은 뜻을 가져서 어린 나이에도 불구하고 부모에게 남자로 살고 싶다고 한다. 이현경은 세 살때부터 글을 익혀 팔구 세쯤 되었을 때에는 못 읽는 글이 없고 깨우치지 않은 글이 없다고 하였으니 대단한 문장 실력이라고 할 수 있다. 그런데 이러한 이현경이 부모에게는 걱정이 될 수밖에 없다. 딸아이라면 여성이 갖추어야 할 덕을 길러 좋은 가문에 시집을 가는 길을 가야 할 텐데 남자들의 일인 문장 실력을 기르는 데 총력을 다하니 부모로서는 말려야 하는 것이다.
하지만 이현경의 뜻이 얼마나 굳건한지 부모도 내버려 두게 된다. 아직은 어려서 그렇겠지 하면서, 성장하면 여자의 도를 행할 것이라고 여긴 것이다. 그런데 그 결과는 다른 모든 사람들도 이현경에 대해 딸이 아닌 아들이라고 생각하게 된 것이다.

이현경이 남복을 개착한 이유는 정수정과는 차이가 있다. 이현경은 부모가 있으면서도 스스로 남자의 일을 하고 싶어 남복을 한 것이고, 정수정은 부모를 모두 잃고 의지할 곳이 없게 되자 가문을 일으키고 복수하기 위해 남복을 한 것이다. 이렇게 이유는 다르지만, 정수정은 남자 옷을 입고 열심히 공부하고 훈련하여 남성이 갖추어야 할 능력을 기르게 된다.

정수정은 남복을 입고 공부하다가 과거 시험이 시행되자 남성으로서 과거에 응시하여 당당하게 급제한다. 그리고 함께 급제한 장연과도 만나게 된다. 흥미롭게도 장연은 정수정을 만나고 나서 자신이 정수정과 혼약한 사실을 이야기한다. 이는 장연이 의식적으로 부친의 약속을 이행하고자 하는 생각이 있었기 때문이라 할 수 있다.

> 장연이 이르기를,
> "일전에 우리 부친과 그대의 부친이 서로 언약하여, 저와 그대의 누이가 더불어 결혼하기로 하였는데, 피차 불행하여 시골에 있기로 혼사를 의논치 못하였습니다. 이제 우리 두 사람이

새로이 만났으니 빨리 택일하여 성례하고자 합니다. 형의 뜻은 어떠합니까?"

정수정이 옥안에 잠깐 수색을 띠며 이르기를,

"저의 가운이 불행하여 부모가 돌아가시니, 누이동생이 주야로 통곡하다가 병이 생겨 세상을 버려, 내 몸의 반을 잘라내는 듯한 고통이 날로 더하더니, 금일 형의 말을 들으니 새로이 슬픕니다."

장연이 이 말을 듣고 나서 너무 놀라 탄식하며 이르기를,

"그렇다면 어찌 진작에 부고를 알리지 않았는가?"

수정 이르기를,

"그때 그 일을 당하였을 때 그런 슬픈 중에 염불이 급하다 하여 그랬습니다. 오늘에나 형에게 알리니 전하지 않은 허물은 면치 못하겠습니다."

하더라.

정수정의 입장에서는 비록 자신이 남성의 모습으로 과거에 급제하기는 하였으나, 막상 만난 장연이 자신에게 부친들 간에 있었던 혼약을 이야기하는 것이 고마울 수도 있을 것이다. 정수정에게도 장연과의 혼약은 부친의 뜻이기에 함부로 부정하기 어려운 것이기 때문이다. 그렇지만 정수정은 이미 여성으로서의 삶이 아니라 남성들이 추구하는 삶을 위해 노력하였고, 그 결과 과거급제자가 되어 장연을 만난

것이기에 여성으로서의 자기를 부정한다. 부친 간의 약속에 대해 장연과 혼약했던 누이는 죽었다고 함으로써 스스로를 부정하는 것이다. 이러한 정수정의 말과 행동은 여성으로서의 자기를 부정하고 남성으로서의 정체성을 형성, 발현한 것이라 할 수 있다.

➢ 남편이라도 봐주지 않는다

정수정은 여성임에도 남성으로 살아가면서 대단한 능력을 발휘한다. 남자 못지않은 능력 정도가 아니라 남자보다 월등한 실력을 보이는 것이다. 이는 북방 오랑캐가 침범하였을 때 임금이 장연이 아닌 정수정을 대장으로 임명했다는 데에서 알 수 있다.

> 강서 도독 한복이 표를 올렸는데
> '북방 오랑캐가 군사를 일으켜 관북 칠십여 성을 항복 받고, 어남태수 장보를 참하고 병력이 매우 크다.'
> 하였거늘, 상이 대경하사 문무를 모아 의논하는데, 여러 신하들이 아뢰기를,
> "정수정이 문무를 겸비하였고 벼슬이 또한 표기장군이오니, 가히 적병을 막을 것입니다."
> 하니 상이 이르기를,
> "정수정을 불러들이라."

하시니 이때 정수정이 임금께 나아가 뵈니, 상이 이르기를,

"지금 북적이 침범하여 그 기세가 급하다 하는데, 조정에서 모두 경을 보내면 근심을 덜리라 하니, 경은 능히 이 소임을 감당하겠느냐?"

상서가 엎드려 아뢰기를,

"신이 비록 무재(無才)하오나, 신하로서 이러한 때를 당하여 피하겠습니까. 제 목숨을 아끼지 않고 도적을 파하여 폐하의 근심을 덜겠나이다."

상이 대희하여 즉시 정수정을 평북대원수 겸 제도병마도총대도독에 명하시고, 인검을 주시며 이르기를,

"제후라도 만일 명령을 어기면 선참후계(先斬後啓)하라."

하시니, 원수가 감사히 명을 받들고 아뢰기를,

"군대에서는 중군이 있어야 군정을 살피옵나니, 어찌해야 하겠습니까?"

상이 이르기를,

"그러면 경이 택출하라."

하시니, 원수가 아뢰기를,

"이부상서 장연이 그 소임을 감당할까 하나이다."

정수정은 군대를 이끄는 최고 직위인 원수가 되어 출정하는데, 정수정은 장연을 자신의 부하로 추천한다. 이러한 계급 관계는 이후로도 줄곧 계속되어, 항상 정수정이 상급자로, 장연은 그 수하의 부하로 일하게 된다. 이러한 정수정

의 뛰어남 때문인지, 정수정은 자신이 여성이라고 고백한 자리에서 임금과 신하들은 놀라면서 벌을 자청하는 정수정에게 꾸짖음 대신 그 능력을 인정한다.

정수정이 전후 사연을 이르고 옥루가 방방하더니, 문득 생각하되,
'내가 표를 올려 내 근본을 아뢰리라.'
하고 표를 올리기를,
"이부상서 겸 병마총도독 정수정은 돈수백배(敦壽百拜) 하오며 표를 올리나니, 신의 나이 십일 세에 아비가 절강 키양지에서 죽사오니, 혈혈 여자로서 의탁할 곳이 없어, 외람한 뜻을 어 천지를 속이고, 음양변체(陰陽變體)하여 입신양명하온 것은, 원수인 진량을 베어 아비의 원혼을 위로할까 함이었습니다. 천만의외로 초방지친(椒房之親)을 유의하시니, 감히 숨기지 못하여 진정으로 아뢰나니, 신이 임금을 속인 죄를 밝히소서. 아비 생시에 장연과 정혼하고 납빙하였지만, 신이 본적을 감추어 장연이 이미 원가 집안에서 부인을 얻었사오니 신첩은 이제부터 홀로 늙기를 원하옵니다. 복원 성상은 살피소서."
하였더라. 상이 다 읽은 후에 대경하시고, 온 조정에서 놀라지 않은 이가 없었다. 상이 장연을 부르시어, 정수정의 표를 보이시고 이르기를,
"경이 예전에 정수정과 언약한 적이 있었는가?"
답하기를,

"아비 생시에 정국공과 정혼하고 납빙하였삽더니, 정수정더러 물은즉, 제 누이가 있었으나 죽었다 하옵기로 신은 그리 알고, 정수정이 음양변체(陰陽變體)한 것은 몰랐나이다."
상이 책상을 치며 이르기를,
"진실로 이런 여자는 고금에 희한하도다."

이 장면은 정수정이 하는 수 없이 자신이 본래 여자임을 임금에게 밝히는 부분이다. 정수정이 자신이 사실은 여자이고 장연과 정혼한 사이였음을 밝히자, 임금은 장연을 불러 확인한다. 이제까지 그 어떤 남성보다 우월한 능력을 발휘했던 정수정이었기에 임금이나 다른 신하들이나 모두들 놀랄 수밖에 없다. 그래서인지 정수정을 "고금에 희한"한 여자라고 평가하고, 벌을 주는 대신 장연과 혼인하도록 한다.

더욱 놀라운 것은 정수정이 여인으로서 혼인하고 사대부 가문의 부인으로 살고 있는 중에도 다시 전쟁에 나간 것이다. 이는 정수정의 능력을 극대화하여 보여 주기 위한 사건이라 할 수 있다. 임금과 신하들은 정수정이 이미 여인인 줄 알면서도 정수정에게 군대를 이끌도록 하고, 정수정은 장연을 휘하에 두고 전쟁에 나간다.

제신이 아뢰기를,

"정수정이 아니면 대적할 자 없나이다."

상이 이르기를,

"전일에는 수정이 여화위남(女化爲男)한 줄 모르고 전장에 보냈거니와, 이미 여자인줄 아는데, 어찌 전장에 보내겠는가."

제신이 아뢰기를,

"이 사람은 특별히 하늘에서 폐하를 위하여 내신 사람이오니, 폐하께서는 염려하지 마옵소서."

상이 마지 못하시어 사관을 청주에 보내, 정수정을 부르시며 이르기를,

"이제 국운이 불행하여 북적이 다시 일어나 여차여차하였다 하니, 일의 형세가 급한지라. 경은 북적을 쳐부수어 짐의 근심을 덜라."

이 사건은 정수정에게 모처럼 전쟁에 나가 활약할 기회인 동시에 집안에서 영춘의 일로 갈등하는 상황에서 주도권을 쥘 수 있는 기회를 제공한다. 정수정이 전쟁을 이용하여 가장인 장연을 다스리는 방식은 가부장제에서 생각하기 힘든 것이다. 정수정은 가정에서의 문제를 전쟁 상황에서의 위계를 이용하여 맞서고, 장연을 남편이라고 하여 군대에서 특별히 대우하지도 않는다.

원수(정수정)가 한 계교를 생각하고, 기주후 장연에게 전령

하되,

"군무사에 긴급한 일이 있기로 전령하나니 수일 내로 대령하라. 만일 기한(期限)을 어기면 군법으로 시행(施行)하리라."

하고 서안(書案)에서 병서를 읽고 있었는데, 문득 일진광풍(一陣狂風)이 불어 등불을 끄는 것이었다. 정수정이 마음에 의심이 들어 소매 안에서 한 괘(卦)를 얻으니, 선흉후길(先凶後吉)하여 이로 인하여 성공하리라 하였거늘,

"오늘 밤 장졸은 잠자지 말고, 도적을 방비하라."

하고 홀로 서안에 의지하고 있었다.

이때 엄백수가 칼을 끼고 송진 장대에 이르니, 능측이 휘왕하고 인적이 고요하였다.

그래서 장막의 틈을 열어본즉 정수정 원수가 갑주를 갖추어 입고 단검을 쥐고 앉아 있으니, 위풍이 엄숙하여 영기(靈氣)가 발월(發越)하여, 사람으로 하여금 마음에 어지럽기도 하고 황홀한지라. 백수가 헤아리되,

'이 사람은 하늘의 신 같으니, 만일 해치려 한다면 큰 화를 당할 것이다.'

하고 스스로 장하에 내려와 칼을 던지고 땅에 엎드려 사죄하는 것이었다.

원수가 경계하여 묻기를,

"너는 어떤 사람이기에 이 심야에 진중에 들어와서 무단하게 죄를 청하느냐?"

위의 인용 부분은 정수정이 임금의 명령으로 북쪽 오랑캐를 상대하기 위해 전쟁에 나가면서 사이가 좋지 않은 장연을 다스릴 계교를 마련하는 것과 정수정이 병서를 읽는데 북 오랑캐가 보낸 엄백수라는 자객이 정수정을 해치려고 왔다가 스스로 무릎을 꿇고 자백하는 장면이다. 먼저 정수정이 전쟁을 나가면서 지금이 장연을 무릎 꿇게 할 수 있는 좋은 기회라고 생각한 것은 정수정이 남편 장연에게 가진 일종의 우월의식이라고 할 수 있다.

사실 당시의 가부장제 하에 있는 사대부 여인이었다면 이런 방식으로 남편을 대할 수는 없는 노릇이다. 물론 평범한 여인이라면 갑옷을 입고 전쟁에 나갈 일도 없었을 것이다. 그렇지만 정수정은 여느 남자보다 우월한 지략과 무술을 갖추고 있었으며, 장연에 대해서도 남편으로 대우하거나 봐주는 의식을 가지지 않는다. 그래서 이러한 방식의 계획을 세우고 실행할 수 있었을 것으로 보인다.

정수정이 가진 뛰어난 능력은 엄백수에 대응하는 과정에서도 볼 수 있다. 〈정수정전〉의 전반적 서술에서는 초현실적 힘의 개입이 별로 보이지 않는다. 그런데 여기에서는 정수정이 미래를 점칠 수 있는 능력도 가지고 있어서 어떤 위험한 일이 벌어질 것인지도 예견한다. 그리고, 자객 엄백

수도 막상 정수정을 보고서는 함부로 해칠 수 없는 사람, 하늘의 사람이라고 판단하여 자백한다.

> 다음날 군사가 보고하기를,
> "기주후 장연이 본부에 병사를 거느려 성 밑에 대령하였으나 군량은 아직 도착하지 못하였나이다."
> 하거늘 원수 심중에 크게 기뻐하면서도, 짐짓 속이고자 하여 군량이 미치지 못함을 책하여
> ···(중략)···
> "이제 도적이 침노하여 황상이 나에게 도적을 막으라 하시어, 내가 황제의 명령을 받들어 밤낮으로 몹시 걱정하거늘, 그대는 어찌하여 막중(幕中)에 군량을 진작에 대령하지 아니하였느냐? 대장의 명령을 어기었으니 어쩔 수 없다. 군법은 사사로움이 없으니, 그대는 나를 원망하지 말라."
> 하고 무사를 명하여 내어 베라 하였다. 장연이 대로하여 크게 꾸짖기를,
> "내가 비록 용렬(庸劣)하나 나는 그대의 가부(家夫)라. 소소한 혐의를 씌워 군법을 빙자(憑藉)하고 가부를 곤욕스럽게 하니 이 어찌 여자의 도리이겠는가."
> 하거늘 원수 이 말을 듣고 더욱 항복 받고자 하여, 짐짓 꾸짖기를,
> "그대는 사태를 모르는도다. 국가의 중임을 맡으매 성곽문 밖에서 일어나는 일은 모두 내 장중(掌中)에 있다. 그런데 그대

는 이미 범법(犯法)을 하였으니, 어찌 부부지의(夫婦之義)를 생각하여 군법을 착란하게 하겠는가. 그대는 나를 초개(草芥)같이 여기나, 나 또한 그대 같은 장부는 원치 아니하노라."
하고 무사를 재촉하는지라. …(중략)…
"두루 낯을 보아 용서하나마, 그저 두지 못하리라."
하고 무사를 명하여 곤장 십여 장에 이르라 분부하여

위에 인용한 장면은 정수정이 남편 장연을 압도하며 군계로서 벌하는 장면이다. 이러한 방식의 행동은 여느 여성영웅소설에서도 보기 드문데, 가정으로 돌아가 여성으로서의 삶을 살아가게 된 여성 영웅들은 더 이상 사회에서처럼 남성을 응대하지 않는다. 하물며 남편을 대할 때라면 가장을 가장으로 모시는 모습을 보이기 마련이다. 그런데 정수정은 자신이 남편의 총희 영춘을 죽인 일에 대해 제대로 사과하거나 미안해하는 것이 아니라 남편뿐만 아니라 시어머니 태 부인에게까지 맞서는 태도를 취한다.

이러한 정수정의 태도는 남편 장연이나 시어머니 태 부인 모두 못마땅하게 여길 만하다. 정수정은 영춘의 사건이 있은 뒤 청주에 가서 지내는데, 때마침 이때 북쪽 오랑캐가 쳐들어와 국가에서 근심하게 되고, 정수정은 다시 갑옷을 입고 전쟁에 나간다. 그런데 이것을 정수정은 장연을 다스릴 좋은 기회라고 생각하고 대원수로서 명령을 내려 장연을 곤란하게 한다.

정수정은 군사가 "군량은 아직 도착하지 못하였나이다."라는 보고를 들으며 속으로 크게 기뻐했다고 했으니, 정수정의 계획이 어떠한 것이었는지 충분히 짐작할 수 있다. 이 일에 대해 정수정은 군법을 내세워 장연에게 형을 집행하려 한 것이다. 장연은 이를 바로 간파하고 정수정에게 "군법을 빙자"하여 가장을 "곤욕스럽게" 했다고 한다. 장연은 정수정이 여인으로서의 도리를 지키지 않는 잘못을 저지른다고 저항하고, 정수정에 대해 자신이 "용렬하다"고 하여 못남을 인정하면서도 가장(家長)임을 환기시킨다.

남장을 하여 활약한 여성 영웅이 남편을 대할 때 어떻게 대하는지에 대해서 살펴보면, 각 작품별로 차이가 있어 흥미롭다. 〈정수정전〉과 가장 유사한 작품은 〈홍계월전〉으로 홍계월도 남편보다 우위에서 활약하였고, 혼인 후에는 남편의 첩을 죽이는 사건이 벌어진다. 김용봉은 필사본 〈정수정전〉과 세창서관본 〈여장군전〉을 필사본 〈홍계월전〉, 세창서관본 〈홍계월전〉과 비교하며 정수정과 홍계월의 공통점을 다음과 같이 정리하였다.[15]

---

15) 김용봉, 「〈정수정전〉과 〈홍계월전〉과의 대비 고찰」, 『청람어문교육』 10,

"첫째, 출생 과정이 같다. 둘은 사회적으로 상류층의 부모에게서 맏득녀로 출생한다. '수정'은 병부상서 겸 표기장군 정흠의 맏득녀로, '계월'은 전직 이부시랑 홍무의 맏득녀로 출생하는데, 모두 선녀가 적강하는 꿈을 꾸고 출생하는 점에서 공통적이다.

둘째, 시련을 거쳐 如化爲男하고 과거에 장원 급제하는 점이 공통적이다. '수정'은 원수를 갚기 위해 스스로 남복을 입고 수학하여 과거에 장원 급제한다. '계월'도 장시랑의 난으로 피난 도중 수적을 만나 모친과 헤어지고 무릉포 여공에게 구출되어 평국으로 개명한 다음, 동갑인 보국과 함께 곽도사 밑에서 수학하여 '계월'은 장원, 보국은 부장원으로 각각 급제한다. 그러나 여기서 다른 점은 여화위남의 시기가 '수정'은 부모와 사별 후에, '계월'은 어려서 도사에게 상을 보인 다음에 이루어지는 것이 다를 뿐이다.

셋째, 둘은 모두가 대원수가 되어 남자를 부원수로 부리는 여걸이며, 목적을 이룬 뒤에는 가정으로 돌아간다는 점이 공통적이다. '수정'은 1, 2차 출정시 그의 능력을 인정한 문무제신에 의해 대원수로 추천되어 정혼자(남편)인 장연을 부원수로 부리며 혁혁한 공을 세운 뒤, 부친의 원수인 진량을 처치하고는 여자의 본분인 가정으로 돌아간다. '계월'도 곽도사 밑에서 도술을 배울 때, 남자인 보국이 일년이 되어도 이루지 못하는

청람어문학회, 1993.

것을 삼삭 만에 통달하여 많은 남성을 물리치고 장원급제한다. 그녀 또한 대원수가 되어 보국을 부원수로 부리면서 한번은 서달의 침입을 물리치고, 또 한 번은 오왕과 초왕의 반란을 진압하여 위기에 처한 나라를 구하는 여걸이다. 특히 둘은 전장에서 군량 운반의 시일을 어긴 장연을, 군령을 어긴 보국을 각각 치죄하고 교만방자한 남편의 애첩 영춘을 참수하는 잔혹성마저 보인다. 그리고는 목적을 이룬 다음에는 모든 직첩을 사양하고 여성의 본분인 가정으로 돌아가 일가화락하는 점이 공통적이다."

이렇게 정수정과 홍계월이라는 두 여성 영웅은 남성보다 우월한 능력으로 사회적으로 활약할 때에는 우월한 지위에서 주변을 압도하는 성격을 보인다는 공통점이 있다.

> 차설. 천자가 크게 기뻐하사 즉시 천병만마를 조발하여 상림원에 진을 치고 원수가 친히 붓을 잡아 보국에게 전령하되,
> "지금 적병이 급하매 중군은 바삐 대령하여 군령을 어기지 말라."
> 하였거늘 보국이 전령 사연을 보고 분함을 이기지 못하여 부모에게 여쭈오되,
> "계월이 또 소자를 중군으로 부리려 하오니 이런 일이 어디에 있사오리까."
> 여공이 왈,

"내 전일에 너더러 무엇이라 이르더냐. 계월을 괄시하다가 이런 일을 당하니 어찌 그르다 하리오. 국사가 지중하니 무가내하(無可奈何)라."

하고 바삐 감을 재촉하니 보국이 하릴없어 갑옷과 투구를 갖추고 진문에 나아가 원수 앞에 엎드리니 원수가 분부하여 왈

"만일 영을 거역하는 자면 군법으로 시행하리라."

보국이 황겁하여 중군 처소로 돌아와 영 내리기를 기다리는지라.

…(중략)…

위급하매 보국이 하늘을 우러러 탄식하더니, 이때 원수가 급함을 보고 급히 말을 몰아 장검을 날려 적진을 좌충우돌하며 동에 번듯 서장을 베고 남에 번듯 북장을 베고 본진으로 돌아올새 보국을 구하매 적장 오십여 원을 한 칼로써 소멸하였더라. 이때 보국이 원수를 보기 부끄러워하거늘 원수가 보국을 꾸짖어 왈,

"저러하고 평일에 남자로다 하고 나를 업수이 여기더니 이제도 그리할까."

하며 무수히 조롱하더라.(<회동서관본, <홍계월전>)[16]

이 장면에서 남편 보국은 전쟁에 나가게 된 부인 평국

---

[16] 여기서 인용한 <홍계월전> 자료는 '정병헌, 이유경, 『한국의 여성영웅소설』, 태학사, 2012.'에 실린 활자본이다.

(홍계월)의 부하가 된 것에 불만을 표한다. 평소 홍계월과 남편 보국의 관계가 어떠한지는 여공의 말 중 "계월을 괄시하다가"에서 볼 수 있다. 홍계월은 보국보다 월등히 능력이 뛰어남에도 보국은 홍계월을 괄시한 것이다. 그런데 전쟁에 나갈 때에는 보국이 홍계월의 수하에 있어야 하니 보국의 입장에서는 불만스러울 수밖에 없다.

더욱 재미있는 부분은 전투에 나가서 죽게 된 보국을 홍계월이 살려내는 장면이다. 보국은 싸움에 질 위기에 처하여 "하늘을 우러러 탄식"하는 절박한 상황에 있다. 이때 홍계월이 나타나서는 동에 번쩍, 남에 번쩍하며 적장을 베어 버리고 보국을 구한 것이다. 그러니 보국은 홍계월을 보기가 부끄러울 따름이다.

그렇지만 정수정과 홍계월의 공통점에만 주목하여 수수 관계로 볼 것인지는 의문스럽다.[17] 〈정수정전〉의 경우에는 필사본과 방각본, 활자본 사이에 정수정의 인물 형상이나 다른 인물의 서사도 차이가 있고, 세부적 서술에서 〈정수정전〉과 〈홍계월전〉은 차이가 있기 때문이다.

정수정은 이러한 강한 힘과 능력, 그리고 성격 때문에 가

---

17) 김대곤, 「활자본 여성영웅소설 연구」, 동의대학교 대학원 석사학위 논문, 2012.

정 내에서는 남편이나 시어머니와 심각하게 갈등하는 양상을 보인다. 정수정은 가정 내에서 일어난 남편과의 불화를 사회적 지위로 벌을 주어 해결하려고 하다가 오히려 남편의 원망을 산다. 남편도 봐주지 않는 그 엄격하고 강한 성격 때문에 정수정이 시도한 방법은 문제를 해결하기보다는 심각하게 만드는 쪽으로 기여한 것이다.

정수정은 자신에게 닥친 고난을 해결하는 방법으로 남장도 하고, 엄격한 규율을 지키면서 사회적으로 활약한 영웅이었지만, 정작 가정에서는 그러한 활약에 기여한 성격과 능력 때문에 어려움을 겪은 것이다. 결국 정수정이 가정 내에서 겪은 남편, 시어머니와의 불화는 다른 부인들의 중개로 해소가 되고, 행복한 결말을 맞이한다. 그러나 그러한 결말에 이르기까지 정수정 스스로의 노력이 가정에서는 별로 효과적이지 못했음을 알 수 있다.

5.

여성의 고난 극복 이야기가 주는 즐거움

이제까지 〈심청전〉, 〈매화전〉, 〈정수정전〉을 중심으로 여성 주인공의 고난 극복 서사를 살펴보았다. 이들 여성 인물은 각기 다른 가정 환경에서 다른 고난을 겪으면서도 자신이 가진 성품과 능력, 태도로 그 고난을 헤쳐 나가고 극복하여 행복한 결말을 맞는 공통점이 있다. 이들 여성 인물들을 통해 파악되는 여성의 고난은 고전소설이 향유되던 당시의 사회적 조건으로 볼 때 주로 가정 내의 문제로 발생한다. 그래서 여성 인물이 처한 가정의 상황과 가족 관계가 고난의 성격과 극복 가능성 여부를 결정하는 경향이 있다.

심청은 태어난 지 얼마 되지 않아 어머니가 죽는 어려움과 가난 속에서 눈먼 아버지를 봉양하는 고생을 한다. 어머니의 부재는 심청의 성장 과정에서 큰 어려움이 되고, 원래 가난한 집안에서 태어났기에 경제적 능력이 없는 눈먼 아버지의 존재는 심청이 동냥을 시작하면서 책임져야 하는 대상이다. 그러니 심청은 그야말로 가장의 역할과 어머니의 역할을 어린 시절부터 맡아서 살았다고 할 수 있다.

심청이 겪는 가난이나 어머니의 부재, 장애 있는 아버지라는 가정환경으로 보면 현대에도 충분히 있을 수 있는 고난이다. 그렇기에 심청이 어떤 방식으로 이 어려움을 헤쳐 나가는지가 매우 궁금해진다. 심청의 고난이 더욱 힘겹게 느껴지는 것은 심청이 자신에게 닥친 어려움을 극복하는 방식이 자신을 내어주는 것이기 때문이다. 아버지가 앞을 볼 수 있는 길이라면 과감히 자신의 몸도, 생명도 아끼지 않고 내어준다. 그리고 아버지의 눈을 뜨게 할 수 있다는 기대와 믿음으로 슬픔도 희망으로 바꾸어 견디어내는 것이다.

이때 심청의 행동은 유교적 이념이나 효도를 해야 한다는 윤리적 의무에서 비롯된 것이 아니라는 점에 주목해야 한다. 누가 강제로 심청이 인당수에 빠지도록 한 것이 아닌 것이다. 물론 이본에 따라서는 심청의 형상이 유교 이념을 표상하는 것처럼 나오기도 하고, 효도 이면의 인간적 고통이 부각되어 있기도 하다. 이는 심청이 고난을 겪고, 그러한 고난을 극복하기 위해 선택하는 길에 대해 공감하기도 하고 저항하기도 한 결과로 볼 수 있을 것이다. 이제까지 수많은 〈심청전〉 이본이 만들어지는 것도 심청의 이 문제가 논쟁거리이며 수용자에 따라 다른 해석을 할 여지가 있기 때문이라 할 수 있다.

〈심청전〉의 서사를 이렇게 심청의 고난 극복 이야기로 읽어 보면, 현대의 다양한 문화콘텐츠에서 유사한 서사를 찾을 수 있다. 〈심청전〉을 원형으로 하여 현대적으로 재해석한 서사를 마련하여 생산된 문화콘텐츠는 기존의 〈심청전〉과 변별되는 부분이 의미 있는 해석의 지점이라 할 수 있다. 특히 최근에 들어서는 〈심청전〉의 서사를 파격적으로 변형하여 새로운 서사를 구현한 문화콘텐츠들도 등장하고 있다. 〈심청전〉을 바탕으로 하였다고 표방하지는 않았어도, 〈심청전〉의 심청이 겪는 고난과 유사한 서사를 보여 주는 문화콘텐츠들도 있어 흥미롭다.

이러한 〈심청전〉과 관련된 문화콘텐츠의 몇몇 사례를 들자면, 웹툰으로는 〈그녀의 심청〉1) 등을, 드라마로 〈복희누나〉2)나 〈효심이네 각자도생〉3), 〈다리미 패밀리〉4) 등을 들

---

1) 웹툰 〈그녀의 심청〉은 seri(글)와 비완(그림) 작으로 2017년부터 2019년까지 연재되었는데, 인기가 많아 도서로도 출판되어 있으며, 이에 대한 연구도 이루어진 바 있다(김강은, 「고소설 문화콘텐츠를 통해 본 여성서사의 새로운 가능성 - 웹툰 〈그녀의 심청〉을 중심으로」, 『한국고전여성문학연구』 41, 한국고전여성문학회, 2020.; 서보영, 「웹툰 〈그녀의 심청〉의 고전소설 〈심청전〉 변용 양상과 고전 콘텐츠의 방향」, 『어문론총』 88, 한국문학언어학회, 2021.; 김선현, 「웹툰에 나타난 심청 서사의 재맥락화 -웹툰 〈그녀의 심청〉과 〈삼작미인가〉를 대상으로」, 『한국고전여성문학연구』 45, 한국고전여성문학회, 2022. 등).
〈그녀의 심청〉에 대한 연구에서 공통적으로 언급되는 것은 여성의 연대이다. 김강은은 심청, 장 승상 부인, 뺑덕어미 등의 세 여성 인물을 분석하며 〈그녀의 심청〉이 여성의 목소리 찾기 서사를 구현한 것으로 보기도 하였다.
2) 〈복희누나〉는 TV소설이라는 이름으로 KBS2에서 방영된 아침 드라마이다. 문영진 감독, 이금림 극본으로 2011년 11월 7일부터 2012년 5월 4일

수 있다. 〈그녀의 심청〉은 표제에 '심청'을 넣어 〈심청전〉과의 관련성을 강력히 시사하지만, 실제 작품 속 서사는 우리가 알고 있는 〈심청전〉의 서사와 상당한 차이가 있다. 이러한 점에서 〈심청전〉을 현대적 관점에서 새롭게 의미를 부여한 작품으로 평가할 수 있다.

그런가 하면 〈복희누나〉는 〈심청전〉과 표면적으로 연관성을 찾을 수 없는 드라마이다. 그렇지만, 이 드라마에서 '복희누나'라는 인물과 '심청'이 보여 주는 이야기는 견주어 볼

까지 총 130회 방영되었다.
3) 〈효심이네 각자도생〉은 KBS2에서 2023년 9월 16일부터 2024년 3월 17일까지 방영된 드라마로 총 51부작이다. '효심이네'라는 이름에서 알 수 있듯이, 이 드라마에서 다루는 주된 주제는 효도이다. 가족 간에 강조되는 효도와 희생에 대해 의문을 제기하면서 스스로의 인생을 찾아가는 이야기를 다루고 있다. 프로그램 정보에서 "타고난 착한 성품과 따뜻한 공감 능력으로 가족에게 평생 헌신하던 셋째딸이, 결국에는 자신을 힘들게 했던 가족들에게 벗어나 독립적인 삶을 찾는 이야기이다."라고 한 데에서 알 수 있다.(https://program.kbs.co.kr/2tv/drama/hyosimfamily)
4) 〈다리미 패밀리〉는 KBS2에서 2024년 9월 28일에서부터 2025년 1월 26일까지 방영된 드라마로 총 36부작이다. '다리미'가 표상하는 것은 세탁소를 한다는 것이고, 프로그램 정보로는 "청렴 세탁소 다림이네 가족이 옷 대신 돈을 다림질하며 벌어지는 로맨틱 돈다발 블랙 코미디"라고 소개되어 있다. 이 드라마에는 시야가 점점 좁아지는 희귀병에 걸려 수술비를 마련해야 하는 여성 인물이 등장한다는 점에서 〈심청전〉을 연상시킨다. (https://program.kbs.co.kr/2tv/drama/darimifamily)

만한 유사성이 있다. 대체적인 서사를 비교한 표가 있어 참고할 만하다.5)

<심청전>	<복희누나>
1. 가난한 집 출생 2. 어렸을 때 어머니는 죽고 눈먼 아버지와 함께 삶.	1. 가난한 집 출생 2. 탄광사고로 아버지를 잃은 복희는 배다른 동생 복남과 함께 탄광촌 술집 작부이자 복남의 엄마인 옥란에게 구박을 받으며 동생과 서로 의지하며 살아감.
3. 동냥으로 부친 봉양 4. 공양미 삼백석을 구하기 위해 매신하여 인당수에 빠짐.	3. 어렵게 동생을 보살핌. 4. 강원도 탄광촌에서 전남 덕천까지 친엄마를 찾아오지만, 재가한 집에서도 구박을 받다 동생이 고아원으로 보내진 후 가출함.
5. 용궁에 가 모친과 상봉함. 6. 황후가 됨.	5. 봉제 공장에 들어가 의복배달을 하며 생계를 꾸려 감. 6. 어머니와 7년만에 재회하고, 복희는

---

5) "<복희누나>와 <심청전>은 표면적으로는 관련이 없을 뿐만 아니라 소설과 드라마라는 양식의 차이도 있고, 고전과 현대라는 시대적 배경의 차이도 있으나 주인공의 인물 형상, 즉 어떤 배경에서 어떤 사건을 어떻게 겪는가 하는 점에서 동질성을 발견할 수 있다. 다시 말해, <복희누나>과 <심청전>은 각각의 작품 내에서 여자 주인공이 어려움을 극복하고 행복한 결말을 맺는 방식에서 유사한 인물을 형상화하고 있는 것이다."(서유경, 「<심청전>과 <복희누나>의 상관성 탐구」, 『문학치료연구』 24, 한국문학치료학회, 2012.).

7. 심청과 아버지가 상봉하고 심봉사는 눈을 뜸.	마침내 봉제 공장 사장이 됨. 7. 봉제 공장을 떠나 덕천에 내려가 양조장을 되살리고, 동생과 상봉함.

　우리는 〈심청전〉을 읽으면서 매우 다양한 문제의식과 관점으로 새로운 해석과 의미를 찾을 수 있다. 그중에서도 이렇게 심청이 자신에게 닥친 고난을 해결해 나가는 서사로 읽을 때 〈심청전〉의 이야기를 현대의 우리 삶과 연관 지을 수 있으며, 지금도 새롭게 만들어지고 있는 서사물들에서 이러한 고난 극복 이야기를 발견할 수 있다.

　매화의 경우에는 심청과는 다른 방식의 고난을 겪는다. 심청은 집에서 살면서 어머니의 부재와 눈먼 아버지의 봉양으로 고생하는 양상을 보인다면, 매화는 부모에게 버려져 전혀 모르는 사람의 집에서 남자로 행세하며 살아야 하는 고난을 보여 준다. 어느 날 갑자기 버려져 남자로 살게 된 매화의 고난은 아버지 김 주부의 정치적 문제로 인한 것이었다. 도술에 능하여 초월적 능력을 가진 김 주부는 정치적 외압을 피하기 위해 구름 속으로 숨으면서 매화는 조 병사의 집 근처에 떨어뜨린 것이다.

　한편 정수정은 아버지의 귀양살이라는 정치적 문제를

겪다가 부모의 죽음을 맞이하면서부터 어려움을 겪는다. 이 점에서 심청과 매화, 정수정 모두 고난을 겪게 되는 원인이 일차적으로 부모에게 있다는 점이 공통적이다. 이러한 고난은 여성이기 때문에 겪는 것은 아니지만, 여성이기 때문에 홀로 살아가는 것이나 집안을 돌보는 것이나 부모를 공양하는 것에 더욱 큰 어려움을 가질 것이라고 생각해 볼 수 있다. 왜냐하면 조선 시대에서는 여성이 사회적 활동의 주체가 되기 어렵기 때문이다. 게다가 심청이나 매화, 정수정은 다른 형제자매가 없어서 의지하거나 마음을 나눌 가족이 별로 없다. 매화는 홀로 버려져 모르는 사람의 집에서 여자임을 숨기고 살아야 하는 고초를 겪고, 정수정은 의지할 어른도 없이 집안을 책임져야 하는 상황에 처한 것이다.

여기서 여화위남(女化爲男) 화소에 대해 생각해 볼 필요가 있다. 여화위남은 달리 말해 여성이 남자가 되는 것이니 남장이 필수적이다. 우리 고전소설에서는 여성 인물이 남장을 통해 사회적으로 성취를 하거나 활약하는 경우를 종종 볼 수 있다. 앞서 살펴보았듯이 〈정수정전〉에서도 정수정은 남장을 통해 자신이 원하는 삶을 성취한다. 그런데 남장을 하게 되는 상황이나 그 결과는 작품에 따라, 여성 인물의 성격에 따라 달리 나타난다. 이는 매화와 정수정만 비교해 보아도 확연히 알 수 있다.

 왜 이렇게 고전소설 속 여성 인물이 남장을 하는 이야기가 자주 나오는 것일까? 우선은 조선 시대 사회의 특수성과 관련지어 생각해 볼 수 있다. 조선 시대에는 유교 윤리에 의해 여성이 행동에 제약을 받는 경우가 많았기 때문에 여성의 몸으로는 집 바깥에서 행동을 하기가 쉽지 않다. 그래서 여성이 먼 길을 떠나야 한다거나 바깥에서 자유롭게 행동해야 할 때 여성 인물이 남복을 개착하는 것이 흔히 활용된다.

 이러한 점에서 여성 인물의 남장은 서사적 국면이 달라지거나 장애를 극복해야 하는 상황에서 문제의 해결 방법이 될 수 있다. 예를 들면, 가문소설에서 여성이 원하지 않는 남성과의 혼인을 회피하기 위해 도망 갈 때 남복을 개착하기도 하고, 영웅소설에서 여성 인물이 남성과 같은 사회적 성취를 이루고 싶을 때 남복을 입고 남성으로서 살아가기도 한다.

 이 글에서는 다루지 않았지만 〈이춘풍전〉과 같은 작품에서도 여성의 남복 개착 화소가 서사적으로 중요한 기능을 한다. 이춘풍은 천하의 한량으로 그 부인 김씨를 곤란에 빠뜨린다. 이춘풍은 집안에 내려오던 많은 재산도 유흥으로 다 탕진해 버리고 가난으로 고생한다. 그때에야 부인 김씨에게 다시는 그러지 않겠다고 각서까지 쓰고서도 부인이 다시 집안을 일으키고 나니 장사한다고 평양에 가서는 기생 추월에게 재물을 다 주게 된다. 빚까지 내어 평양으로 간 이춘풍이 재물을 추월에게 다 넘기고 나서는 추월의 집 사환으로 연명한다.

> 춘풍이 대답하되
> "자네 하는 말이 나를 별로 못 믿겠거든 이제부터는 주색잡기 하지 않겠다고 반드시 각서를 써서 주겠네." …(중략)… 이때 춘풍의 아내는 남편과 이별하고, 백 가지로 생각하며 밤낮으로 하는 말이
> "장사에서 돈 많이 버는 운수로 평안히 돌아올 것을 천만축수."
> 바라면서 주야로 기다리는데, 춘풍이는 아니 오고 소문에 들려 오는 말이, 서울 사람 이춘풍이는 평양에 장사 가서 추월이 구박받아 가지도 오지도 못 하고 상거지 홀로 되어 추월의 집에 다시 있으면서 불 사환 한다는 말을 얻어듣고 가슴을 두드리며 대성통곡하는 말이(서울대 가람문고본, <이춘풍전>)[6]

이렇게 남편이 가진 돈을 다 탕진하고 추월이 집에서 불

---

[6] 여기서 인용한 이본은 서울대 가람문고본 필사본 <이춘풍전>으로 '신해진, 『조선후기 세태소설선』, 월인, 1999.'의 자료를 번역하여 제시했다.

사환 한다는 소식을 들은 춘풍 처는 남자 옷을 입고 평양 감사의 비장이 되어 남편을 구해 온다. 이러한 춘풍 처의 여화위남은 결연을 위한 것도 아니고 영웅적 활약을 하기 위한 것도 아닌 남편을 구원하기 위한 것이라는 점이 특징적이다. 춘풍 처의 남복 개착은 남편을 구할 방도가 된 것이다.

그리고 여화위남 화소는 서사 전개에 대한 관심과 흥미를 자극한다는 점에서 자주 활용되는 측면이 있다. 여성 인물이 남장을 하고 남성으로 행세하는 순간부터 그 여성은 여성으로서의 삶을 살 수 없다. 그래서 정작 남장한 여성 인물에게 다른 여성이 사랑을 느껴 매달리기도 하고, 다른 가문에서 정혼 제안을 받아 곤란한 상황에 처하기도 한다.

이러한 서사 전개가 주는 재미는 현대사회에서도 여전한 듯하다. 여화위남을 중심으로 서사가 전개되는 다양한 문화콘텐츠들이 생산되고 있다는 점에서 그러하다. 그리고 여화위남 화소는 비단 우리나라 서사물에서뿐만 아니라 동아시아 문화권, 유럽 문화권 등 세계의 다양한 문화권에서 생산, 향유되는 서사물들에서 볼 수 있다.

우리나라에서는 웹툰, 드라마 등에서 활용된 경우들이 보이는데, 드라마로는 〈커피프린스 1호점〉[7], 〈미남이시네요)8), 〈성균관 스캔들〉9), 〈연모〉10) 등에서 여화위남 화소를 통해 극적이고 재미있는 서사 전개가 이루어지는 양상을 확인할 수 있다. 대표적으로 〈커피프린스 1호점〉을 살펴보자면, 이 드라마의 여주인공 고은찬은 아버지가 돌아가신 뒤 가장 역할을 하며 살아가는 씩씩한 인물이다. 여리고 생활력이 없는 어머니와 동생을 돌보느라 고은찬은 늘 쫓기듯 살아간다. 그러다 우연히 은찬을 남자로 오해한 남자 주인공 최한결에게 애인 행세를 해달라는 제안을 받게 된다. 최한결은 원하지 않는 결혼을 피하려고 동성애자인 척하며 살기 때문이다. 그러다가 두 사람은 사랑의 감정을 갖게 된다.

---

7) 〈커피프린스 1호점〉은 MBC에서 2007년 7월 2일부터 2007년 8월 27일까지 방영된 드라마로 17부작이다. 이 드라마는 원작은 이선미의 소설 〈커피프린스 1호점〉이다.
8) 〈미남이시네요〉는 SBS에서 2009년 10월 14일부터 2009년 11월 26일까지 방영된 드라마로 16부작이다. 주요 내용은 수녀원에서 자란 여성 주인공 고미녀가 아이돌 그룹에 입단하기로 한 오빠가 사고를 당하면서 오빠인 고미남으로 살게 되면서 생기는 일들을 다루고 있다.
9) 〈성균관 스캔들〉은 KBS2에서 2010년 8월 30일부터 2010년 11월 2일까지 방영된 드라마로 20부작이다. 성균관이라는 배움의 공간에서 여화위남 한 여성이 유생으로 들어가면서 서사가 진행되는 청춘 사극이다.
10) 〈연모〉는 KBS2에서 2021년 10월 11부터 2021년 12월 14일까지 방영된 20부작 드라마이다. 원작은 만화로, 쌍둥이 남매 중 세손이던 오라비가 죽자 버려졌던 여자 주인공이 세자로 살아가면서 생기는 궁중 로맨스이다.

이 드라마의 회차별 제목을 정리하면 다음과 같다.

1회: 게이(?) 소녀가장을 만나다!
2회: 양아치, 남자의 애인이 되다!
3회: 은찬이! 남자로 출근하다!
4회: 커피도 사랑도 마음따라
5회: 입술에 이는 커피향도 사랑이어라
6회: 커피프린스, 사랑의 블랜딩~♡
7회: 커피 한잔에 사랑도 피어나길...
8회: 커피 한잔에 피어나는 사랑~~
9회: 쓴 커피는 사랑에 달다^^*
10회: 아무도 상처 받지 않는 커피
11회: 달콤 씁쓸함이 있는 커피
12회: 사랑의 상처가 남지 않는 커피
13회: 사랑만큼 습관이 되는 커피
14회: 너와 나를 변화시키는 사랑.. 그리고 커피
15회: 꿈과 희망을 토스팅하다
16회: 사랑도 커피처럼 잠시 쉬어가리..
17회: 아쉬움 만큼 사랑이 되는 커피

〈커피프린스 1호점〉의 최고 시청률은 27.8%로 상당히 높은 편이다. 남자 행세를 하는 고은찬과 동성애자 행세를 하고 있는 최한결이 서로 사랑의 감정을 갖게 되면서 갈등하기도 하고 진짜 모습을 알게 되면서 갈등이 해소되는 과정이 시청자들에게 많은 인기를 얻을 수 있는 비결이었던 것으로 보인다. 남장을 하고 남성으로서 살아가고 있는 고은찬이 남자 주인공과 사랑하는 사이가 되기까지의 과정에 주목하여 보면 고은찬이라는 여성 인물은 매화와 비슷한 이야기의 주인공으로 보인다.

여화위남이 활용된 서사에서 가장 극적이고 재미있는 점은 언제 여성 인물의 정체가 탄로 날 것인가에 있다. 로맨스 장르, 다시 말해 애정 서사에서 여화위남의 서사적 기능은 사랑이 이루어지는 단계에서 정체가 탄로 나게 하거나 스스로 정체를 드러내는 방식으로 구현된다. 여성의 정체가 드러나는 방식에서 수용자가 느끼는 재미가 극대화될 수도 있고 실망스러울 수도 있다. 이 부분이 그 서사물의 대중적 인기 여부를 결정짓는다고 할 수 있을 것이다.

대비되는 점은 여성 정체의 탄로가 애정 서사에서는 사랑이 성취되는 계기가 되지만, 영웅 서사에서는 영웅적 여성 인물의 활약이 종결되게 한다는 것이다. 그래서 여화위남, 남장은 작품에 따라 목적의 성취를 가능하게 하는 방법도 되지만, 새로운 위기와 고난을 가져오는 계기도 된다.

5. 여성의 고난 극복 이야기가 주는 즐거움

 이렇게 우리의 고전소설 속 여성의 고난 극복 이야기는 예로부터 지금까지 다양한 서사 양식으로 생산되고 향유되면서 즐거움을 주고 있다. 매체 발달과 문화 양식의 변화에 따라 새롭게 등장할 매체 양식에서도 여성의 고난 극복 이야기는 지속되리라 기대한다. 신선하게 변모시킨 서사에 흥미진진한 외양을 입고 여성의 고난 극복 이야기는 앞으로도 계속 우리 앞에 펼쳐질 것이고 우리는 즐겁게 향유하게 될 것이다.

◀ 참고문헌 ▶

〈심청전〉, 서울대학교 소장 완판 71장본
〈심청전〉, 경판 24장본
〈심청가〉, 신재효본
〈원본 심청전〉, 박순호 소장 70장본
〈동국 심청전〉, 박순호 소장 48장본
〈양유전이라〉, 국립한글박물관 소장 42장본
〈매화전〉, 김동욱 소장 30장본
〈이학사전〉, 회동서관본
〈정수정전〉, 경판 16장본
〈정수정전〉, 세창서관본
〈신정 심청전 몽금도전〉, 박문서관본

곽정식, 「〈정수정전〉에 나타난 여성의 자아실현 양상」, 『語文學』 72, 韓國語文學會, 2001.
김강은, 「고소설 문화콘텐츠를 통해 본 여성서사의 새로운 가능성 - 웹툰 〈그녀의 심청〉을 중심으로」, 『한국고전여성문학연구』 41, 한국고전여성문학회, 2020.
김경애, 「신소설의 '여인 수난이야기' 연구」, 『여성문학연구』 6권, 한국여성문학학회, 2001.
김경숙, 「군담소설 결미의 전개와 의미 : 여호걸계소설을 중심으로」, 『열상고전연구』 7, 열상고전연구회, 1994.
김경연, 「디아스포라 여성 서사와 세계/ 보편의 '다른' 가능성」, 『코기토』 74, 부산대학교 인문학연구소, 2013.
김대곤, 「활자본 여성영웅소설 연구」, 동의대학교 대학원 석사학위논문, 2012.

김문희, 「고전소설에 나타난 이비고사(二妃故事)의 변용과 의미」, 『한국고전여성문학연구』 28, 한국고전여성문학회, 2014.
김미영, 「援助者에 의한 女性의 苦難克服」, 『민속학연구』 1권 1호, 안동대학 민속학회, 1989.
김민정, 「〈성현공숙렬기〉에 나타난 내·외부 조력자로서의 시비(侍婢) - 열영, 상운, 매송을 중심으로」, 『한국고전여성문학연구』 41, 한국고전여성문학회, 2020.
김병주, 「여성신화 〈세경본풀이〉의 심리학적 이해」, 『한국심리학회지 여성』 15권 4호, 한국여성심리학회.
김선현, 「웹툰에 나타난 심청 서사의 재맥락화-웹툰 〈그녀의 심청〉과 〈삼좌미인가〉를 대상으로」, 『한국고전여성문학연구』 45, 한국고전여성문학회, 2022.
김성란, 「역사 속의 여성의 고난에 대한 여성신학적 접근」, 『한국여성신학』 52, 한국여신학자협의회, 2003.
김수연, 「〈금방울전〉에 나타난 여성 고난의 치유적 성격 -조력자/치유자 서사를 통한 모성 리더십의 구현-」, 『문학치료연구』 41, 한국문학치료학회, 2016.
김신정, 「무속신화와 여성의 몸」, 『여성문학연구』 2, 한국여성문학학회, 2012.
김영수, 「필사본 〈심청전〉의 계열과 전승시기 연구」, 『판소리연구』 11, 판소리학회, 2000.
김영수, 「필사본 〈심청전〉 연구」, 경희대학교 대학원 박사학위논문, 2000.
김용봉, 「〈정수정전〉 硏究」, 한국교원대학교 대학원 석사학위논문, 1993.
김용봉, 「〈정수정전〉과 〈홍계월전〉과의 대비 고찰」, 『청람어문교육』 10, 청람어문학회, 1993.

김은일, 「양문록계 소설에 나타난 여성의 삶」, 『古小說 硏究』 42, 한국고소설학회, 2016.

김일렬, 「고전소설에 나타난 가족의식」, 『동양문화연구』 1, 경북대학교 동양문화연구소, 1974.

김정경, 「노년기 여성 생애담의 죽음의 의미화 양상 연구 -서사구조와의 상관성을 중심으로-」, 『한국고전여성문학연구』 27, 한국고전여성문학회, 2013.

김정경, 「여성 생애담에 나타난 고난의 의미화 방식 연구 -호남지역 공방살이 이야기를 중심으로-」, 『口碑文學硏究』 32, 한국구비문학회, 2011.

김종철, 「『김삼불 수집 신재효 판소리 사설 자료집』의 기초 연구」, 『판소리연구』 50, 판소리학회, 2020.

김지혜, 「기억의 서사로 읽은 〈숙향전〉의 의미-반복 서술되는 고난의 의미 변화를 중심으로」, 『민족문화논총』 63, 영남대학교 민족문화연구소, 2016.

김지혜, 「여성 수난 서사의 신화적 원형과 서사문학적 수용 : 딸/아내/어머니 되기 과정을 중심으로」, 『구비문학연구』 63, 한국구비문학회, 2021.

김진영 외, 『심청전 전집』 1-12, 박이정, 1997.

김태영, 「여성우위형 여성영웅소설의 보조인물연구 :〈이형경전〉,〈정수정전〉,〈홍계월전〉을 중심으로」, 성균관대학교 석사학위논문, 2016.

김헌선, 「〈당금애기〉와 〈바리공주〉에 나타난 여성수난의 문학사적 의의」, 『경기어문학』 5-6, 경기대학교 인문대학 국어국문학회, 1985.

김현주, 「가족 갈등형 고소설의 여성주의적 연구」, 경희대학교 대학원 박사학위 논문, 2010.

김현주, 「〈반씨전〉을 통해 본 여성 문제와 형제 갈등」, 『한국고전여성문학연구』 23, 한국고전여성문학회, 2011.
나윤하, 「서사갈래에 따른 여성 고난 서사의 구조적 차이 -고소설 〈숙향전〉과 서사무가 〈바리공주〉를 중심으로」, 『古小說硏究』 52, 한국고소설학회, 2021.
류준경, 「영웅소설의 장르관습과 여성영웅소설」, 『古小說 硏究』 12, 한국고소설학회, 2001.
류호열, 「〈숙영낭자전〉 서사 연구 : 설화·소설·판소리·서사민요의 장르적 변모를 중심으로」, 건국대학교 대학원 박사학위논문, 2010.
박광수, 『매화전 연구』, 충남대학교 출판부, 2002.
박상란, 「여성 영웅의 일대기, 그 두가지 양상 :「바리공주」와「정수정전」을 중심으로」, 『東院論集』 7, 동국대학교 대학원, 1994.
박송희, 「한·중 여성영웅소설에 나타난 여성의식 비교연구」, 경희대학교 대학원 박사학위 논문, 2014.
박혜인, 「고전소설에 나타난 며느리의 여행과 친정」, 『한국고전여성문학연구』 33, 한국고전여성문학회, 2016.
박희병, 「고전소설 연구의 새로운 방향 모색」, 『민족문학사연구』 1, 민족문학사학회·민족문학사연구소, 1991.
서보영, 「웹툰 〈그녀의 심청〉의 고전소설 〈심청전〉 변용 양상과 고전콘텐츠의 방향」, 어문론총 88, 한국문학언어학회, 2021.
서유경, 「〈심청전〉과 〈복희누나〉의 상관성 탐구」, 『문학치료연구』 24, 한국문학치료학회, 2012.
서유경, 『고전소설교육 탐구』, 박이정, 2002.
서유경, 『판소리 문학의 문화 적응과 확산』, 박문사, 2016.
서유경, 『매화전』, 박문사, 2018.
서유경, 『신정 심청전(몽금도전)』, 박문사, 2019.

서유경,「〈매화전〉의 대중소설적 성격 연구」,『고전문학과 교육』40, 한국고전문학교육학회, 2019.
서유경,「심청전〉 중 심청의 신분 고백 양상 연구」,『판소리연구』52, 판소리학회, 2021.
신해진,『조선후기 세태소설선』, 월인, 1999.
신희경,「삼설기(三說記) 소재 〈노처녀가〉의 영웅 서사적 성격,『한국고전여성문학연구』22, 한국고전여성문학회, 2011.
안희라,「매화전」연구, 한국교원대학교 대학원 석사학위 논문, 2005.
梁仁實,「韓國 古代女性 英雄小說의 硏究 : 李朝女性의 社會活動面을 中心으로」,『論文集』11권 1호, 건국대학교, 1980.
양지인,「여성 고난 대목을 통한 여창 판소리의 여성성 구현 - 춘향가 중 〈십장가〉, 〈옥중가〉를 중심으로-」,『한국음악사학보』65, 한국음악사학회, 2020.
유목화,「여성 민요에 나타난 감성의 발현양상과 치유방식 -전남지역을 중심으로-」,『공연문화연구』20, 한국공연문화학회(구, 한국고전희곡학회), 2010.
원옥계,「베트남〈쭈엔끼에우(교전)〉와 한국〈춘향전〉의 여성수난 서사 비교 연구」, 숭실대학교 대학원 석사학위 논문, 2009.
이광훈,「활자본 〈설인귀전〉과 〈설정산실기〉를 통해 본 영웅성과 여성의 자아실현」,『한국문학과 예술』21, 숭실대학교 한국문학과예술연구소, 2017.
이규훈,「조선 후기 여성 주도 고난 극복 고소설 연구」, 한국교원대학교 대학원 박사학위 논문, 2009.
이나라,「〈유씨삼대록〉에 나타난 혼인여성의 고난과 의미 -진양공주를 중심으로-」,『Journal of Korean Culture』52, 한국어문학국제학술포럼, 2021.
이미림,「여성수난과 여성의 타자성」,『숙명문학』1, 숙명문학인회, 2010.

이복화, 「〈숙향전〉에 나타난 '여성수난' 양상 연구-서사무가 바리공주, 제석본풀이와의 비교를 통해」, 경기대학교 대학원석사학위 논문, 1991.
이승희, 「여성수난 서사와 가부장제 이데올로기 : 1910년대 멜로드라마를 중심으로」, 『상허학보』 10, 상허학회, 2003.
임미희, 「가문소설의 '여성 수난 극복 공간' 연구」, 서강대학교 대학원 석사학위 논문, 2012.
장경남, 「丙子胡亂의 문학적 형상화 硏究 -女性 受難을 中心으로-」, 『語文硏究』 3집 3호, 한국어문교육연구회, 2003.
장시광, 「여성영웅소설에 나타난 女化爲男의 의미」, 『한국고전여성문학연구』 2, 한국고전여성문학회, 2001.
장시광, 「〈명주보월빙〉의 여성수난담과 서술자의식」, 『한국고전여성문학연구』 17, 한국고전여성문학연구, 2008.
장시광, 「〈현몽쌍룡기〉 연작에 형상화된 여성수난담의 성격」, 『국어국문학』 152, 국어국문학회, 2009.
장시광, 「〈소현성록〉연작의 여성수난담과 그 의미」, 『우리문학연구』 28, 우리문학회, 2009.
장시광, 「〈유효공선행록〉에 형상화된 여성수난담의 성격」, 『배달말』 45, 배달말학회 2009.
장시광, 「〈쌍천기봉〉 여성수난담의 특징과 그 의미」, 『한국고전여성문학연구』 21, 한국고전여성문학회, 2010.
장시광, 「대하소설 여성수난담의 성격 ―〈완월회맹연〉을 중심으로」, 『東洋古典硏究』 47, 동양고전학회, 2012.
장시광, 「운명과 초월의 서사 -〈임씨삼대록〉 여성수난담의 성격」, 『古小說硏究』 31, 한국고소설학회, 2011.
장영란, 「한국 여성-영웅 서사의 희생의 원리와 자기 완성의 철학- '딸'의 원형적 이미지분석과 '효' 이데올로기 비판」, 『한국여성철학』 9, 한국여성철학회, 2008.
전성택, 「梅花傳硏究: 高大本을 中心으로」, 『論文集』 24, 春川敎育大學, 1984.
전이정, 「여성영웅소설연구 : 서사 단위와 구성 원리를 중심으로」, 서울시립대학교 대학원 박사학위논문, 2009.
정병설, 「여성영웅소설의 전개와 〈부장양문록(傅張兩門錄)〉」, 『古典文學硏究』 19, 한국고전문학회, 2001.
정병욱, 「〈매화전〉-또 하나의 판소리계 소설-해제」, 『韓國學報』 2권 4호, 일지사, 1976.
정병헌, 이유경, 『한국의 여성영웅소설』, 태학사, 2012.
정선희, 「삼대록계 국문장편 고전소설 속 여성들의 길 떠나는 양상과 그 의미」, 『한국고전여성문학연구』 34, 한국고전여성문학회, 2017.
조동일, 「英雄의 一生, 그 文學史的 展開」, 『東亞文化』 10, 서울대학교 동아문화연구소, 1971.
조은희, 「고전 여성영웅소설의 여성주의적 연구」, 대구대학교 대학원 박사학위 논문, 2005.
조혜란, 「〈숙향전〉의 숙향: 청순가련형 여성주인공의 등장」, 『古小說硏究』 34, 한국고소설학회, 2012.
조희웅, 『고전소설 연구보정』 상, 하, 박이정, 2006.
진경환, 「영웅소설의 통속성 재론 : 〈유충열전〉을 중심으로 한 시론」, 『민족문학사연구』 3, 민족문학사학회, 1993.
최미영·채수일 옮김, 『고난』, 한국신학연구소, 1993
최운식, 『심청전 연구』, 집문당, 1982.
최지녀, 「여성혐오의 관점에서 본 여성영웅소설 -〈정수정전〉을 중심으로 -」, 『한국학연구』 74, 인하대학교 한국학연구소, 2024.
탁원정, 「〈이한림전〉에 나타난 임진왜란 속 여성의 고난과 그 의미」,

『한국고전여성문학연구』 41, 한국고전여성문학회, 2020.
한정미, 「〈완월회맹연〉에 나타난 여성 인물들의 고난 극복 양상과 의미」, 『이화어문논집』 58, 이화어문학회, 2022.

한국민족문화대백과사전 https://encykorea.aks.ac.kr
효심이네 각자도생 https://program.kbs.co.kr/2tv/drama/hsimfamily
다리미 패밀리 https://program.kbs.co.kr/2tv/drama/darimifamily
커피프린스 1호점 https://program.imbc.com/coffeeprince
미남이시네요 https://programs.sbs.co.kr/drama/angell
연모 https://program.kbs.co.kr/2tv/drama/thekingsaffection

> 저자

• 서유경 •

 서울대학교 사범대학 국어교육과를 졸업하고, 동대학원에서 석박사 학위를 취득하였으며, 현재 서울시립대학교 국어국문학과에 재직하고 있다.

 주요 논문으로는 '공감적 자기화를 통한 문학교육 연구(2002)', '고전문학교육 연구의 새로운 방향(2007)', '〈심청전〉의 근대적 변용 연구(2015)' 등 다수가 있고, 저서로는 '고전소설교육탐구(2002)', '판소리 문학의 문화 적응과 확산(2016)', '고전소설과 문화콘텐츠(2021)', '〈고전소설과 운명 이야기(2022)' 등이 있다.